传统文化视角下的现代音乐教育研究

卓玛措　著

中国纺织出版社有限公司

内 容 简 介

《传统文化视角下的现代音乐教育研究》共分为六章，主要内容包括中国音乐审美教育功能的渊源探索与启示；传统文化融入学校音乐教育的思考；音乐教育中弘扬中国传统文化的理论与实践；音乐教育的理念改革以及我国新课程音乐教学理论在学校教育中的应用、新时期音乐教育与教学的理论及发展。

本书旨在提供一个较为科学、系统的传统文化与现代音乐教育结合的研究框架，具有较强的理论性，对于音乐教育的研究者具有很好的参考作用。

图书在版编目（CIP）数据

传统文化视角下的现代音乐教育研究 / 卓玛措著 .
-- 北京：中国纺织出版社有限公司，2020.11
　　ISBN 978-7-5180-7941-4

　　Ⅰ.①传… Ⅱ.①卓… Ⅲ.①中华文化 - 关系 - 音乐
教育 - 教学研究　Ⅳ.① K203 ② J60-059

中国版本图书馆 CIP 数据核字（2020）第 189357 号

策划编辑：韩　阳　　　　责任编辑：朱健桦
责任校对：楼旭红　　　　责任印制：储志伟

中国纺织出版社有限公司出版发行
地址：北京市朝阳区百子湾东里 A407 号楼　邮政编码：100124
销售电话：010—67004422　传真：010—87155801
http://www.c-textilep.com
E-mail: faxing@c-textilep.com
中国纺织出版社天猫旗舰店
官方微博 http://weibo.com/211988771
三河市宏盛印务有限公司印刷　各地新华书店经销
2020 年 11 月第 1 版第 1 次印刷
开本：710×1000　1/16　印张：11.25
字数：220 千字　定价：50.00 元

P 前 言
PREFACE

在现代化高速迈进的进程中，尤其是全球化日益加深的当下，大量的西方元素与西方文化强势侵入，致使优秀的中国传统文化受到严重的影响。学校音乐教育作为个体美育教育的重要内容，有责任让学生了解传统文化、学习传统文化，将传统文化传承下去。

本书以中国音乐审美教育功能的渊源探索与启示为导向，从传统文化融入学校音乐教育的思考、音乐教育中弘扬中国传统文化的理论与实践、音乐教育的理念改革以及我国新课程音乐教学理论在学校教育中的应用、新时期音乐教育与教学的理论及发展五个方面系统分析与理性审视了传统文化的音乐教育价值，这对于构建音乐教育的健康可持续发展的现实路径具有一定的时代意义。

为了适应新形势而推行的音乐教育改革，所培养出来的人才应当是适应新时代需要的，是吸收传统文化的同时又具有音乐教育创造性的人才。本书即是围绕新形势下的传统文化与音乐教育改革进行的分析。

本书得以脱稿付梓，要感谢各位同事、领导以及出版社同仁的支持与帮助！另外，对于书中不足之处，还望各位专家、学者予以指正，在此先表谢意！

著者
2020 年 7 月

C目 录
ONTENTS

第一章

中国音乐审美教育功能的渊源探索与启示

第一节　古代音乐审美教育

在我国古代音乐审美教育思想中，音乐的审美教育功能自古以来便为人所认识，从周公的"制礼作乐"到儒道两家的"乐者乐也"与"大音希声"、嵇康的"声无哀乐"，再到《溪山琴况》的"音与意合"、颜元的"能琴"，都在不同程度上认识到音乐的审美教育功能。以下将整个古代音乐审美教育思想的发展分为萌芽、繁盛、稳进、发展四个阶段，我们以此审视整个古代音乐审美教育功能的发展脉络。

一、古代音乐审美教育思想的发展历程

（一）萌芽阶段——春秋战国时期以前

春秋战国以前，包括氏族社会时期，夏、商、周时期，对于音乐审美教育功能的认识处于初始时期，音乐审美教育思想零零散散，所以称为"萌芽阶段"。

在先秦文献中，我们可以看到关于上古氏族社会乐舞活动的记载，在一定程度上给我们传达了音乐教育审美功能的信息。虽然这类记载不免染上后人的主观理解，但我们仍然可以感受到音乐教育给当时的社会生活带来的审美意义。在《尚书·舜典》中记载："夔命汝典乐，教胄子。直而温，宽而栗，刚而无虐，简而无傲。诗言志，歌咏言，声依咏，律和声。八音克谐，无相夺伦，神人以和。"其中，"律和声""八音克谐""神人以和""直而温，宽而栗，刚而无虐，简而无傲"透露出音乐教育在对人的情感、人格塑造上所具有的审美意义。从中可看出，在氏族"乐"的教授过程中，人们全身心地投入，使人的情感在音乐学习中成为一种高尚的社会情感，使原始乐舞在社会生活中实现其审美意义。

由此可以得到这样的结论，原始乐舞的教习并非只是乐舞技艺的传授，而是一种音乐教育与社会文化教育相联系的人性教育，这时的音乐教育已经具有了其审美功能的萌芽。

在周朝，乐教由周公所倡导，周公在乐教中将音乐教育与国家栋梁之材的教育紧密结合在一起，将音乐教育作为进行礼教、德教的有效手段。但是，周代的乐教仍具有很强的美育性，并体现在实施乐教的实际活动中。《周礼·地官》中记载："以五礼防万民之伪，而教之中。以六乐防万民之情，而教之和。"虽然本质上还是针对人心的改造、教化，但是已经把音乐教育看成是一种情感教育、审美教育。正如修海林在《周代雅乐审美观》中称："其中的诗乐活动，明显地具有娱乐、审美的功能……在这类行乐环境、氛围和过程中被陶冶、感发而产生的愉悦情感，不仅与外在行乐的各类形式相谐和，在心理上同样也以人与天地神、人与人之间的同乐相谐的关系而获得情感的愉悦，最终仍然是达到了审美的快乐。"

据《国语·郑语》记载，公元前 773 年，周太史回答郑桓公周朝的衰败问题时说："……夫和实生物，同则不继。以他平他谓之和，故能丰长而物归之。若以同裨同，尽乃弃矣……是以和五味以调口，刚四支以卫体，和六律以聪耳，正七体以役心，平八索以成人，建九纪以立纯德，合十数以训百体……"意思是说，世间的万事万物都是一样的，各种不同的事物种类混杂才能产生新鲜的事物，使世界延续发展，才能"和"。如果只是"以同裨同"，只有同类增多，就不会产生新的事物，世界就不会有所发展。音乐之美也存在相同的道理，不在于"同"而在于"和"，在于"六律以聪耳"，归于统一。其中，肯定了音乐的特征是"和"，即音乐的规律在于和谐。

"和"是古代音乐审美文化意识中最为人类崇尚的理想境界，或者说是最理想化的审美范畴。它作为音乐艺术审美活动的最高境界，与自然、社会、人生皆紧密关联。音声之"和"，更多的是建立在人的音乐听觉审美感性、和谐的基础上；乐与人"和"，更多地体现为音乐与人在审美情感体验中达到愉悦快乐的和谐关系，或者是人与人之间形成的相互之间的融洽与默契；天人之"和"，则意味着人在音乐审美的精神体验中上升到人与自然、社会和谐统一、"天人合一"的更高境界。由此可见，古代音乐审美中的"和"与现代音乐审美观念具有相通之处。因此，最终的音乐审美教育应该是基于感性而又超乎感性的审美体验，使人与自然协调相顺，达到一种具有审美意义的精神境界。这里所谓的"和"，其实仍是在"德"与"礼"的实质基础上的情感化表象。

（二）繁盛阶段——春秋战国时期

春秋战国时期，诸子百家对音乐进行着不同立场的阐述。虽然他们的音乐审美教育思想没有在专门的论述中展开，但是许多非常重要的音乐审美教育观念都在这时出现，在古代音乐教育审美思想的发展历程中起到至关重要的作用，所以称为"繁盛阶段"。

《左传·襄公二十九年》中记载的中国音乐美学史上最早的音乐评论提出："……为之歌《郑》。美哉其细已甚，民弗堪也，是其先亡乎？为之歌《齐》。曰美哉，泱泱乎，大风也哉！表东海者，其大公乎！国未可量也。"可见，季札对于音乐的欣赏并未局限于音乐的"形"或音乐的"意"，而是把音乐意与形相结合，并结合自身经验与知识，通过想象把握住本质，抓住了音乐的美、音乐的内在意蕴。"这就在历史上第一次明确提出了'美'的范畴，肯定了美的独立意义。"从此时开始，音乐的美在音乐史上第一次被明确。尽管评论中出现了许多"美哉"来感慨音乐的美，但其所强调的不是音乐的乐音之美，而是音乐所蕴含的社会政治意蕴，其意不在于音乐而在于政治。

百家争鸣的春秋战国时期，出现了儒、道、法等诸子百家，其对于音乐教育审美功用的认识与评论更为体系化。儒家思想所谓的"乐者乐也"，在中国的影响最为深远，但其主张的"乐"是与"礼"紧密相连的，其所描述的音乐审美情感态度在中国古代的音乐活动中，并非完全功利性的。孔子云："饭疏食饮水，曲肱而枕之，乐亦在其中矣。不义而富且贵，于我如浮云。"（《论语·述而》）从中可以看出，孔子对于"乐"的情感态度是一种于"礼乐"思想之上、超功利的审美精神境界。孔子云："人而不仁如礼何，人而不仁如乐何。"（《论语·八佾》）这说明"仁"与礼乐有着密切的关系。孔子并不是单纯地提倡尊崇周代的礼乐教化，而是从个体人格完善的角度提出礼乐教化的最终目的应该是"仁"。

这种"仁"的乐教精神内化为人的内在情感时，便是一种以"仁"为"乐"的审美人生态度。当"仁"的人格完善目的实现，人的情感体验从伦理的领地跨入审美的领域时，"仁"这种社会情感就不仅限于亲人之情，而是将扩展到人生一切领域中，包括人的审美领域。孔子与其弟子子路的谈论中称"发愤忘食，乐以忘忧，不知老之将至"（《论语·述而》），还屡次称赞其另一位弟子颜回"一箪食，一瓢饮，在陋巷，人不堪其忧"却仍"不改其乐"（《论语·雍也》）。这种由生活体验升华而成的人生态度，是一种对于生活的乐观精神、一种心灵于现实的超越、一种超然的审美境界，更是在无拘无碍的"乐"的自由境界中获得人格审美的愉悦体验。《论语·先进》上记述，孔子与诸弟子待坐，孔子发问各人所为，然诸弟子皆有所答而孔子不甚许可，唯有曾点所言"暮春者，春服既成，冠者五六人，童子六七人，浴乎沂，风乎舞雩，咏而归"得到孔子的赞叹。这表明孔子心目中所赞赏的"乐"的境地，已超然于任何繁饰礼乐的形式之上，超越了世俗功利，超越了孔子自身的某些局限，达到艺术人生的审美境界。

另外，孔子主张"乐而不淫""哀而不伤"，主张在艺术审美及其他人生实践中要"和"，主张一种和谐而丰富的音乐状态，认为美好而丰富的音乐情感应该是平和的。虽然要求人们节制情感，思想与行为要符合礼制，但是也要求人们的审美态度应该达到归于和谐的理想境界。尤为可贵的是，孔子在教育思想及实践中，融合德、智、体、美于一体，充分发挥审美的内化功能，追求完美人格的塑造，这是值得充分肯定的。

孟子继承并发展了孔子"仁"的观点，提出"耳之于声也，有同听焉"（《孟子·告子上》）的命题，其中肯定了音乐的美感，认为天下人对于音乐有共同的美感。另外，还提出"乐之实，乐斯指仁、义两者"（《孟子·离娄上》）。他认为，音乐所表现的是人的喜悦之情，而且是喜悦之情的自然流露。荀子在其乐教思想中也提出了音乐教育所具有的审美意义。正所谓"乐行而志清，礼修而行成，耳目聪明，血气平和，移风易俗，天下皆宁，美善相乐"。虽然仍是以道德教育为中心，但重视音乐审美心理的形成，使人们在"乐行"的过程中，把音乐的美内化为自身的审美情感。

道家的代表人物老子所主张的"大音希声"以"希声"之音为美，是对当时社会上过分追求感性的声色之乐、以快感为审美满足倾向的一种否定，这虽然显得有些极端，但仍有其自身的意义及价值。一方面，他认为，以感官上能够把握的声音为不美，取消了作为听觉艺术而存在的音乐审美；另一方面，他在对声色之乐的彻底否定中把人们引向对精神审美的重视。的确，音乐审美首先是以听觉体验为前提而引起人的审美情感心理活动。但是，人们在音乐审美过程中又经常会达到一种超乎于音响之上的精神意境。正如后来陶渊明所弹的"无弦琴"，所指的也是这种超乎音响感受之上的音乐审美精神境界。

《庄子》中认为音乐审美应该具有高度的主体性，审美主体应该超越现实、超越自我，获得真正的精神自由。庄子提出"中纯实而反乎情，乐也"，明确地把音乐与人的性情联系起来，认为音乐的本质在于表现人的自然之情，并对这种表现自然情怀的音乐加以肯定，要求解放人性、解放音乐，追求合乎人的性情的音乐。《骈拇》篇中称："吾所谓聪者，非谓其闻彼也，自闻而已矣；吾所谓明者，非谓其见彼也，自见而已矣。夫不自见而见彼，不自得而得彼者，是得人之得而不自得其得者也，适人之适而不自适其适者也。"这充分肯定了音乐审美应该"自闻""自见""自得其得""自适其适"，涉及审美不应该只是认识，而应该是一种体验、一种感受，其主张应该把审美对象与自身相结合，从审美活动中得到自身对于音乐的认识与理解，做到音乐与内心产生共鸣，满足审美主体的个性需要，促进其人性的发展。

（三）稳进阶段——秦汉时期

秦汉时期的音乐思想家、美学家及教育家在音乐审美教育思想的阐述中，对音乐审美教育功能的论述相比之前没有过多的拓展与出新，只是在前人的理论基础之上进行了有限的发展，所以称为"稳进阶段"。

历史发展到汉朝，社会相对稳定，经济相对富足，出现了一系列对音乐教育审美意义进行论述的著作。例如，《淮南子》中认为音乐教育有利于平和情感，音乐应该具有情感这一特质。"通于礼乐之情者皆能做音"，其肯定了音乐教育应该是一种情感教育，对人的人性具有一定的美化作用。"以文灭情，则失情；以情灭文，则失文。文情里通，则凤麟极矣。""情"在《淮南子》的乐教思想中居于重要地位。虽然《淮南子》中对情感的强调是要达到其礼乐教化的目的，但在客观上肯定了情感在音乐教育中的作用。

另外，《乐记》集儒家思想之大成，其一方面认为"乐者乐也"，使人获得感性愉悦；另一方面认为"乐者，所以象德也""乐者，德之华"，也使人领悟到某种理性内容。虽然"德"仍具有鲜明的社会性，有着以音乐节制人的情感、行为的意思，但是又认为"君子听钟声，则思武臣""君子听琴瑟之声，则思志义之臣"（《乐记·魏文侯篇》）。这里的"听"与"思"是要求音乐欣赏中审美听觉与审美意识活动同时展开。审美主体在获得音乐审美情感体验时，除获得感性上的愉悦之情外，还应该从精神意识上得到理性的审美启迪，这便是《乐记》对于音乐提出的审美要求。《乐记》认为音乐能够以其情感力量对人心发生深刻的影响，所以始终强调情感的作用。"将'乐'的情感视为一种具有道德价值的情感，而'乐'的教育，便具有审美情感教育的意义。"对于音乐的审美态度，《乐记》记载："知声而不知音者，禽兽是也。

知音而不知乐者，众庶是也。""把对音声的审美视为人欲，而对'乐'的审美才算是'乐得其道'，即所谓返人道之正。"其认为音乐审美的最高境界是"知乐"，对听觉审美从理性上提出更高的要求。由此，"乐者乐也"这一文化意识成为一种崇尚内心精神愉悦的审美感情，成为古代音乐审美思想中悦心悦神的最高境界。《乐记》中还提到了音乐的"移风易俗"的作用，正是依赖于审美中获得的愉悦之情，音乐才能陶冶人心、"移风易俗"。正如修海林在《古乐的沉浮》中所说："'乐'的情感是一种具有道德价值的情感，而'乐'的审美，便是在'和'的情感体验中获得符合其审美理想的思想境界，这也就是《乐记》音乐审美心理中道德价值与情感价值的统一。"《乐记》中对艺术创造、艺术表现的个性问题也有较为详尽的阐述，在《乐记》的《师乙篇》中，乐工师乙就曾指出"宽而静，柔而正者宜歌《颂》；广大而静，疏达而信者宜歌《大雅》；恭俭而好礼者宜歌《小雅》；正直而静，廉而谦者宜歌《风》；肆直而慈爱者且歌《商》；温良而能断者宜歌《齐》"。从中我们能够看到，其认为性格、气质的不同影响着表演的曲目，审美个体差异在当时就已经为人所认识，这被蔡仲德誉为"中国音乐美学史上第一次涉及艺术创造与个性的关系"。当然，《乐记》也存在着明显的时代局限性，如不顾音乐艺术的特殊性，片面强调把音乐当作教化的手段、政治的工具，从而使音乐失去作为一种艺术形式的独立地位和自由发展的可能性。

（四）发展阶段——魏晋南北朝至 1840 年

魏晋南北朝以后，音乐审美教育思想中对于音乐审美教育功能的地位由功利转为自然，逐渐开始关注审美主体。直至明清时期，音乐审美教育功能在音乐功能中的地位有了一定的提高，人们对于音乐审美教育功能的认识也逐步加深，所以称为"发展阶段"。

魏晋南北朝以后，音乐艺术上产生一种由传统儒家功利实用审美态度转向崇尚自然，注重个人内心情感体验以及尊重艺术自身特殊规律的审美倾向。嵇康在《声无哀乐论》中把对音乐的剖析集中在音乐自身，认为人的情感本来就存在于心中，音乐自身并不包含情感，人的感情是受到了音乐的感召而引导出来的。嵇康在整部著作中阐述了音乐审美过程中感受到的哀乐之情，认为"哀心藏于内，遇和声而后发，和声无象而哀心有主，夫以有主之哀心，因乎无象之和声而后发，其所觉悟唯哀而已"。他认为，审美主体在音乐中感受到的哀愁是自己内心本来就存在的哀愁，即审美主体倾听音乐所感受到的情绪只能是审美者生活中所产生的，并以某种心理形式积存于心中的情感。"声"能使人"欢放而欲惬"，即乐曲能够以丰富的音调吸引人们，使人心随曲调的运动而运动，从中得到美的享受，感到心满意足、欢欣愉悦。另外，嵇康的音乐思想还充分肯定音乐陶冶情操的功能，他认为"自然之和"的音乐能够"兼御群理，总发众情"，在一定程度上影响人们的情感。嵇康通过对音乐自身特性的分析后指出："琴性洁静以端理，含至德之和平，诚可以感荡心志，而发泄幽情矣。"在《琴赋》中嵇康认为，可以通过音乐来感染人们的心志，并将其加以清除，具有"导养神气""宣和情志"的作用。嵇康在《琴赋》中谈到琴乐的审美时，其中"怀戚者闻之，则莫不悟凛惨凄""平和者听之，则怡养悦愉"等评论，都是从音乐审美主体的体验来谈音乐审美过程中的不同感受。嵇康突出强调审美者自身的情感体验在音乐审美中的作用，主张一种自由发挥、积极主动的审美态度。

嵇康主张坚持音乐的自然属性，避免功利性地看待音乐教育的功能，认为音乐的教化可以使审美主体在优美的乐声中达到忘我的精神愉悦，满足自我的审美需求，最终得到性情的陶冶。这一思想的提出，是对传统礼乐教育思想最有力的抨击。音乐教育应该成为以修身养性、超凡脱俗为最终目标的审美教育手段。唐代诗人白居易是一位音乐思想家、美学家，强调礼乐教育，主张学习音乐。在他的音乐教育思想中，首先对儒家道统的礼乐教育思想进行重申，强调通过音乐的学习进行伦理道德的培养。但是，他又在此基础之上强调"育人"，提出重"礼乐之情"而轻"礼乐之器"，重道德情感教育而不偏执于乐舞技艺，以对人的培养作为音乐教育的目的，把礼乐教育纳入人的教育中，具有一定的审美情感教育意义。

北宋琴僧义海和尚是琴学方面的一代宗师，他认为弹琴应该有意境，"若浮云之在太虚，因风舒卷，万态千秋，不失自然之趣"。他强调琴乐的弹奏对审美意境的把握，技巧应该与音乐意境的表达相一致，紧密联系。到了明清时期，音乐教育家普遍对审美主体的个体性给予更多重视，认为音乐应该以自然、真性情为美。

明代音乐思想家包括李贽、王守仁、徐上瀛等。李贽，明代启蒙思想家，其思想基础是"童心说"，认为一切美的艺术都必须出于"绝假纯真，最初一念之本心"的真性情，必须具有独创性，具有独特的个性。他认为音乐以自然为美，音乐内容抒发情怀不应该受到"礼"或"天"的束缚，形式上应该自由发展而不受成规制约，音乐的发展变化应该完全服从于表现不同个性的需要。

明代教育家王守仁，虽然其思想体系受宋代理学家的影响很深，然而，他提出了顺应学生天性、鼓舞学生兴趣的情感教育主张，使情感教育与知识教育、道德教育相结合，十分重视音乐在移风易俗上的积极作用。他力主恢复儒家重视诗、书、礼、乐的传统，认为音乐的曲调应该按照社会道德标准加以改变净化，"诱之歌诗，以发其意志导之习礼，以肃其威仪讽之读书，以开其知觉"。他还认为"中心喜悦，则其进自不能已"，主张学生教育应该从情感入手，应该激发学生的情感，使情感的喜悦带来学习上的进步；学生应该饶有兴趣地在美的学习环境中情趣十足、心情愉悦地接受教育。他提出诗歌、音乐可以启醒良知，默化顽劣，潜消鄙行，使人的性情得到调理、达到和谐，"诗歌习礼"的教育对于学生尤为重要。在王守仁的教育思想中，我们可以感受到审美教育与学生教育的结合。可见，音乐成为王守仁教学、生活中必不可少的组成部分和精神食粮。王守仁把音乐之美置于自然之美中，让学生在大自然的怀抱里，尽情地去欣赏美、发现美、创造美和接受美的教育，激发了学生对祖国山河的热爱之情和对美好未来的向往。徐上瀛所著的《溪山琴况》作为古琴美学思想的集大成者，其审美思想具有儒道互渗兼容的独特特色，认为演奏的技巧应该借助想象与内心的审美、内心的音乐意境相结合，不应局限于技巧，更应该做到"音与意合"，主张琴乐演奏应该进入一种审美的境界，并在审美的创造性活动中建立起个体人格的肯定与完善，达到技艺与审美和谐统一过程中的最高精神境界。《溪山琴况》没有停留在"曲得其情"的层次上，而是要求达到"音与意合"的审美境界，提出"以音之精义而应乎意之深微"，即以演奏技艺达到的精细的乐音表现，使琴乐演奏者的心灵有所感悟，并触及人内心深处的心理体验，达到一种"意境"，使其内心感受"其无尽藏、不可思议"。另外，他认为"求之弦中如不足，得之弦外则有余"，即是说，可以通过音声去创造意境，更需要超越音声的限制。音乐意境是要靠想象去实现的，没有想象就没有意境的存在。从音乐演奏的审美过程讲，是通过音乐的演奏，使审美主体在自身包括感知、想象、联想、意向在内的审美情感体验中得到一种新的组合，使整个心灵受到一次新的情感洗礼。

张琦，明末人士。他认为"曲也者，达其心而为言者也"，即音乐是感情的艺术，音乐表现的是人的感情、人的心灵，音乐的本质是以其音响形式直接、充分地表现人的无限丰富的感情生活，表现人的内心世界。颜元，明末清初的教育家。在琴乐演奏上，主张"弦器可手制也，音律可耳审也，诗歌惟其所欲也，心与手忘，手与弦忘，私欲不作于心，太和常在于室，感应阴阳，化物达天，于是乎命之曰能琴"。他注重弹琴时内心的和谐感觉，认为琴乐演奏不应受到技术、技巧上的限制与束缚，而应该真正从心理上达到一种自由的审美境界。清代琴学家蒋文勋在《二香琴谱自序》中主张学琴应该"自得"，而不能只是"模拟"，单纯的模仿不能领悟到琴曲的真正意境。其认为"琴取自乐，不在供人。即四五徽间，音不清亮，亦不妨也"，即从审美意境的角度处理演奏技术、衡量琴曲弹奏的好坏，这说明蒋文勋的琴乐教习是建立在美感教育上的教育。

二、古代音乐审美教育思想对音乐教育的启示

中国的音乐教育历史源远流长，中国素有"礼仪之邦"之美称，所以音乐教育自然与"礼"密不可分。在周朝末年和春秋时期，中国就出现了礼乐思想，将"乐"与"礼"，即音乐与政治联系起来，也就有了"礼乐"一词。孔子重善轻美，一再强调礼乐思想，认为《韶》乐既美又善，《武》乐美而未善。作为中国封建社会主宰思想的儒家思想，其强调的礼乐思想是将音乐置于礼的制约之下，成为封建社会"礼"的附庸品。所以，儒家强调音乐的社会功能，特别是音乐的教化作用，始终强调"移风易俗，莫善于乐"，重视音乐对人民的潜移默化作用。儒家的礼乐思想对于社会的发展、音乐的发展具有积极的促进作用。但从音乐这门艺术形式的审美意义上讲，儒家的礼乐思想在中国音乐教育史上有一定局限性。儒家乐教重教化、轻审美，没有真正将音乐作为一门艺术，作为人类生活不可缺少的一部分，作为人类的审美对象，更谈不上以人的发展为本，以完整的人格塑造为目的。

作为对中国音乐教育思想颇有影响的道家，虽然反对儒家的礼乐思想，崇尚自然，推崇"大音希声"，对中国的音乐与音乐教育的生存和发展起到了重要的作用，并具备一定的人文思想。但是，道家的音乐思想也没有真正把音乐作为一种审美对象，从根本上把其看成是一种修身养性的方式。中国古代的主流思想儒道两个流派，都没有真正认识到音乐的审美意义，没有从音乐这种审美的艺术形式自身去寻找音乐教育的功能。儒家强调符合"礼"的音乐，本质上重视的是封建礼教；道家强调"希声"的音乐，本质上重视的是修身养性。所以从根本上说，儒道两家只是把音乐及音乐教育看作为其实现目的的一种有效的工具，具有极其明显的功利性。

两汉时期，出现了糅合儒、道、阴阳各家思想的音乐美学著作《淮南

子》。魏晋至唐时期，音乐美学思想开始摆脱儒家礼乐思想的束缚，探索音乐的内部规律及音的特殊性。尤其是庄子、嵇康、李贽等人的音乐美学思想，反对束缚、反对礼教、追求自由、反对异化、要求解放，蕴含确立人的主体性原则，探求音乐自身的规律特征的思想之光，在一定程度上对我们今天建立现代音乐美学体系、确立现代音乐课程理念具有积极的指导作用。宋元明清时期，儒家音乐美学思想变得更为保守，但同时出现了李贽的以"童心"说为基础的崇尚自由的美学思想，还有《溪山琴况》对于琴学意境、琴学审美的要求，为音乐教育的审美功能争得一席之地。正如蔡仲德所说，中国音乐美学思想"多从哲学、伦理、政治出发论述音乐，注重研究音乐的外部关系，强调音乐与政治的联系、音乐的社会功能与教化作用，而较少深入音乐的内部，对音乐自身的规律、音乐的特殊性、音乐的美感作用、娱乐作用重视不够，研究不够。孔子如此，孟子、荀子大体也是如此；儒家如此，墨、法、道、阴阳、杂家大体也是如此；汉儒如此，宋明道学家及其他文人大体也是如此"。综观我国古代音乐教育审美功能的发展历程可以知道，我国的音乐教育审美功能很早就为人所认识。虽然由于封建礼乐思想的根深蒂固，使音乐教育在较长的历史时期始终与政治关系密切，成为统治者达到其统治目的的工具，但是仍有许多音乐思想家重视音乐教育的审美功能，超越了功利实用的一面，并对音乐教育审美功能进行了较为深刻的挖掘与真实、细腻的阐述。另外，由于音乐本身所具有的特殊性以及音乐自身所独具的审美魅力，在重视音乐教育的社会教化功能的同时，音乐的审美意义以及音乐教育的审美教育作用也受到了音乐思想家、教育家的关注。在少数论述音乐特殊性、论及音乐教化作用的实施途径的古代文集中，如《声无哀乐论》《乐出虚赋》等，仍能发现对音乐自身的特殊规律及特殊作用的阐述。

从整个古代音乐审美教育功能的发展历程来看，其对当代音乐审美教育具有以下启示。

（一）音乐的审美功能是音乐审美教育的理论基础

1.音乐的审美功能

自古以来，音乐让众多教育家有所感慨，如《论语·述而》中的"发愤忘食，乐以忘忧，不知老之将至"，《乐记》中的"知声而不知音者，禽兽是也。知音而不知乐者，众庶是也"。音乐具有一种其特有的美的品质，具有唤醒和整合人格的力量，能够使人身心愉悦，并以美感人、以情动人。其通过建构人的审美心理结构，达到心灵陶冶和人格塑造的目的。一个人要培养和形成完美的人格，不仅需要学习和掌握科学的知识体系，培养和造就高尚的思想情操，还要进行富有情趣的艺术活动。长期在音乐美的熏陶感染下，不仅能使人在精神上得到愉悦和滋养，而且有助于提高感受美、鉴赏美、表现美、创造美的能力，培养健康的审美情趣，使人的精神世界更丰富、更和谐、更完美。音乐审美功能是以音乐的美作用于人的身心乃至社会所产生的审美效应，可以说，音乐的主要魅力在于其审美功能。所以，音乐的"审美功能"就是一种人与自然、人与社会生活之间的审美关系的反映，而人与自然及社会生活之间的审美关系之所以能够成立，完全在于"人"有其特定的"实践性"和"主体性"。人有很强的主观意识和逻辑推理能力，因此在自然和社会生活中总是不断扩大和深入。于是，越来越丰富的"审美客体"涌入"审美主体"的视野，成为人的审美对象，丰富了人们精神生活的内容。

2. 音乐教育的审美功能

音乐教育是一种真正具有审美特征的教育，其自身规律告诉我们，必须突出音乐的审美特点，不能将其视为一种科学知识的或思想道德的非审美的音乐教育。周朝的统治者曾利用音乐教育的审美功能来"防万民之伪，而教之中""防万世之情，而教之和"，在一定程度上把音乐教育作为一种情感上的、审美水平上的教育。审美功能是音乐教育最本质的功能，审美能力的发展离不开音乐教育，审美能力的提高和培养是音乐教育的直接结果。音乐教育可以使受教育者在审美经验发展的基础上，把感性的冲动、欲望、情绪纳入审美的形式中，接受理性的规范、引导、净化，从而得到控制、调节，把它进一步引向审美境界，使受教育者完成自觉的审美境界的塑造。通过审美境界的塑造使受教者对艺术的形式及内涵有了更加丰富的领悟和感受，在心灵的震荡和洗礼中培养起审美的人生态度，最终使受教者完成性情的陶冶、人性的建构。音乐教育具有的审美功能主要包括培养审美能力、提高审美境界、塑造审美人生。音乐教育所建立的审美能力是一种对现实功利的超越、对美的事物的敏感力。

一定的审美能力能够使人类超越自己的实际需要，对审美对象的非实用层面进行感知，达到非功利的、非实用的状态，形成自由和幸福体验的审美开端。音乐教育所建立的审美境界是在音乐等艺术教育活动中自觉形成的，其中包含着较强的生理快感因素，但不是单纯的感官愉悦，而是渗透着理解和想象，是多种心理功能共同活动的结果。通过音乐教育，受教育者的理解、想象等心理功能得到培养与锻炼，使个体能够在有限的艺术形式中领悟到无限的本质内容，感性与理性相互渗透、和谐共进，引起深刻而丰富的审美感受。音乐教育对审美人生的塑造、对人生态度的构建，是以理性来净化人类感性中的动物特质，并以理性的方式进行渗透，将其转化与升华。同时，音乐教育还运用感性的方式避免理性说教的抽象性，赋予其发展的动力与生命力。音乐教育的美可以打开人性"真善美"的大门，引发人类对人性、对世界的思考与感悟。音乐教育从本质上说是一种塑造"人"的工程，只重视理性发展而不重视感性发展的教育，并不能成为真正意义上的美育。

（二）审美体验、情感、创造和个性化是音乐审美教育的关键因素

在《尚书·舜典》中"律和声""八音克谐""神人以和"等论述，已经透露出音乐教育在对人的情感、人格塑造上所具有的审美意义。在氏族"乐"的教授过程中，人的情感在音乐学习中成为一种高尚的社会情感，使原始乐舞在社会生活中实现其审美意义。在季札的音乐评论中，其对音乐的欣赏并未局限于音乐的"形"或音乐的"意"，而是把音乐意与形相结合，并结合自身经验知识，通过想象把握住本质，抓住音乐的美与音乐的内在意蕴。另外，《庄子》中提出"中纯实而反乎情，乐也"，明确地把音乐与人的性情联系起来，认为音乐的本质在于表现人的自然之情，并对这种表现自然情怀的音乐加以肯定，高度肯定了音乐审美应该具有主体性，认为审美主体应该超越现实、超越自我，获得真正的精神自由。嵇康在《琴赋》中的"坏戚者闻之，则莫不悟凛惨凄""平和者听之，则怡养悦愉"等评论，都是从音乐审美主体的体验来谈音乐审美过程中的不同感受，认为人们能够积极主动地从音乐中得到美的享受，感到心满意足、快乐愉悦。嵇康突出强调审美者自身的情感体验在音乐审美中的作用，主张一种自由发挥、积极主动的审美态度。明代的启蒙思想家李贽，认为一切美的艺术都必须出于真性情，必须具有独创性，具有独特的个性。其更是肯定了音乐以自然为美，要求音乐内容上抒发情怀不应该受到"礼"或"天"的束缚，形式上应该自由发展而不受成规制约，音乐的发展变化应该完全服从于表现不同个性的需要。徐上瀛所说的"吾复求其所以和者三，曰弦与指和，指与音合，音与意合，而和至矣"，认为演奏的技巧应该借助想象与内心的审美、内心的音乐意境相结合，不应局限于技巧，主张琴乐演奏者（即审美主体）应该进入一种审美的境界，并在审美的创造性活动中建立起个体人格的肯定与完善，达到技艺与审美的谐和统一过

程中的最高精神境界。所以，我们可以得到音乐审美教育的四个关键因素：审美体验、审美情感、审美创造和审美个性化。

1. 审美体验

审美体验是在感悟的基础上，将音乐艺术的审美意蕴和审美内容表现在受教育者的意识中，和受教育者自身的审美经验、生活观念等结合起来，成为受教育者意识的直接体验。审美体验能够使个体在对音乐艺术形式进行感悟的过程中，得到某种理性的内容，并进一步在个体情感等内容中得到感性的体现。现实生活中很多问题，如数学问题、地理测试等，都可走捷径找到现成答案。审美则不同，审美不存在"答案"，只有体验。受教育者在音乐学习过程中所产生的审美体验是审美活动的基础。音乐审美体验就是对审美对象——音乐的感知与把握。音乐只有与人的内心产生共鸣，才能形成一种完美的审美体验。例如，体验音乐的音响，我们可以借助以往的知识经验，并与以往的知识经验相联系，在内心形成知识经验的建构，在乐音高低形成的旋律的跌宕起伏中完成对音乐的审美体验。

2. 审美情感

审美情感是指由欣赏作品或演奏演唱作品而引起的一系列的情感反应。情感既是音乐艺术之源，又是主体体验、感受音乐作品的归宿。审美情感不是生活中一般的情感，不是纯心理或纯生理的反应，往往伴随他对作品的审美认识和审美理解而产生。对作品的认识和理解愈深刻，获得的情感就会愈真实，最终得到的审美效果就会越好。可以说，审美情感是审美主体把自身情感、经验与思想意识融合在一起，是一种高级的情感。儒家思想的代表著作《乐记》肯定了人的内在思想情感可以通过音乐表现出来。其认为诗乐发生效用，根本原理在于以情感人或以情动情，具备情感的人接触到表现情感的诗乐，极易产生共鸣而为之感染，而绝不能诉诸理念的直接说教。嵇康在《声无哀乐论》中否认了音乐与情感的关系，认为音乐中没有情感，音乐也不能表现情感。这就说明在我国音乐发展史上关于音乐与情感的关系素有争论。这些关于审美情感的观点是由我国封建制度下思想的局限性所决定的。即便如此，其中还是肯定了审美情感在音乐审美中的地位。所以，审美情感仍是音乐审美教育的关键因素。在审美获得的美感中，情感是美感的重要构成因素，没有对于"美"的感受与感动之情，则不能称为美感。情感作为一种心理因素，其在审美过程中的作用，是人们普遍都承认和重视的。情感和美感在音乐体验中常常处于一种你中有我、我中有你的互为融合的状态。情感的介入是美感产生的前提，"美感是感知、理解、意志、想象等多种心理过程以情感为中介的综合统一，其中关键性、决定性因素是情感"，审美教育从本质上讲是一种情感教育，情感应该成为音乐审美教育的核心，并且应该在音乐教育中占有极其重要的地位。音乐是情感的最佳载体，是情感无限强有力的杠杆，情感融于一切音乐审美活动之中，整个音乐进行的过程就是情感变化、发展的过程，就是情感的抒发、情感的交流、情感的激发。

3. 审美创造

审美创造是指审美主体用音响动态来抒发自己的内在情感和外在感受的审美活动。人们通过审美创造，可以把自身的感受表达出来，把内在听觉所做出的审美判断表达出来，是一种极为主动的审美活动，也是音乐美育的重要审美手段之一。"审美创造是人的审美经验的对象化活动，即人们遵循'美的规律'，按照一定的审美意识而进行的一种主动、自觉的审美造型活动、审美经验的形式化过程。"别林斯基曾说过"在一部真正的艺术作品中，一切形象都是新颖的、独创的，没有重复之弊"。所以，创造性是各门艺术共同的审美品格。音乐的产生过程就是全部的创作过程。无论音乐的创作、表演还是欣赏，都必然伴随着创造性的表现与丰富的联想和想象。音乐的"不确定性"特点，使不同的听众欣赏不同音乐作品必然会获得不同的感受。音乐的情感特征能够激发学生的想象力和创造性思维，审美创造是使学生进入音乐审美的重要途径。通过让学生亲身感受到音乐的美，并引导他们动手尝试音乐创造活动是一种效果很好的音乐教学方法。学生在学习、欣赏音乐的同时，应该个性化地理解音乐、表现音乐。所以，音乐教育在培养学生创造能力方面的作用是不能被忽视的。另外，审美活动的创造过程就是审美情感的释放和升华的过程。我们进行音乐创造活动，就是使个体的情感生命得以伸展、抒发、成长和提升的过程，在这个过程中，人们的情感得到解放和提升，并开创新的人生，达到审美的人生境界。

4. 审美个性化

审美个性化是指音乐美育应该关注如何更充分地保持并发展人的个性，鼓励人在审美活动中全面开发自己的潜能，多方面表现自身的具体追求和才能，从而使审美创造真正成为人的个性健康发展的标志。音乐审美应该表现出审美主体独特的审美认识和审美个性特征，在审美过程中应该饱含审美主体在审美实践中独特的发现和创造。由于享受音乐美感的个体不同，其产生的情感体验也存在差异性。审美差异是由于审美个体的个性心理特征造成的，由于每一个审美主体都具有一个独特的心理世界，他只能以这个独特的心理世界与外在的世界展开心灵的对话，并在这个过程中把自己的情感和思想带进去。因此，审美活动的整个审美过程都是个体的活动，决不能用统一的标准来予以限定。

第二节　近现代音乐审美教育

音乐教育在近现代历史舞台上发挥着举足轻重的作用，并与我国的政治、经济、文化及我国新民主主义革命同步发展。由于近现代的中国一直处于战争、社会动荡时期，虽然音乐审美教育最终得到了一定的重视，但音乐一直与爱国主义教育等政治、社会因素相联系，没有真正发挥其审美教育功能，经历了漫长曲折的发展与低谷两个阶段。

一、近现代音乐审美教育意识的发展历程

（一）发展阶段（1840～1919 年）

1840 年到 1919 年的五四运动期间，中国处于封建社会逐步瓦解的历史时期，人民经历着文化、政治、经济等各方面的内外冲击。在这样的社会环境中，众多具有音乐审美教育意识、主张发挥音乐审美教育作用的音乐教育家、思想家举起美育的旗帜，主张从发展美育着手挽救沦落的中国。这时，人们对于音乐审美教育功能的认识逐步得到提高，所以称为"发展阶段"。

"鸦片战争"以后，中国沦为半殖民地半封建的国家，国内外反动势力的剥削和压迫，使中国人民生活在水深火热中，人民群众坚决反抗外国侵略和封建反动统治的斗争不断冲击着中国的经济、政治、文化等。这一时期，反帝反封建的斗争和中国自身资本主义的发展，都在客观上促进了资产阶级新文化的发展。随着西方文化的传入、我国封建社会的逐步解体以及资本主义经济文化的发展，我国的学校音乐教育自发地随着新兴学堂的发展开始起步。清政府的教育思想是"中学为体，西学为用"，在 1898 年维新运动的推动下，"废科举，兴学校，举人才，强中国"，学习西方文化科学知识，创办新兴学堂，成为一种历史趋势。在这种历史大背景下，学校音乐教育逐渐得到重视。但是，不论洋务派的代表人物还是维新派的进步人士，都认为建立新式学堂

和开始音乐课，是为了唤起民众的爱国热情，以达到"富国强兵"的目的。维新派的知识分子有意识地利用音乐教育向当时的青少年进行资产阶级启蒙思想的教育，并希望通过音乐教育能够实现一定的政治目的，这就使应以向青少年进行美育和普及音乐知识为目的的普通音乐教育成为进行思想政治教育的手段。另外，随着帝国主义武力侵略的展开，当时的音乐教育同时具有一定的西方殖民文化传播的性质。

1903 年，清政府颁布的《奏定蒙养院章程及家庭教育法章程》中称："歌谣，学生在五六岁时渐有心喜歌唱之际所唱，可使学生之耳目喉舌运用舒畅，以助其发育，且使心情和悦为德行涵之质。"其认为通过聆听美好的音乐，可以产生愉快的情感，并在行为中表现出对美的渴望、美的追求，充分肯定了音乐教育不仅与道德教育相联系，更是一种情感教育、美的教育。

中国政府第一次在教育法规文件中将音乐课列入学堂的课程中，是 1907 年 3 月 8 日清学部正式颁布的《学部奏定女子小学堂章程》和《学部奏定女子师范学堂章程》。在此章程中，规定了音乐课的教学目的主要是"涵养其德行"，强调音乐教育对德育所起的促进作用。

在当时的社会文化环境中，许多教育家举起美育的旗帜，主张从发展美育着手对国民进行教育。王国维是我国近代第一个主张将美育纳入教育方针的人。1906 年，他在《论教育的宗旨》中指出，教育的目的在于把人培养为"完全的人"。所谓"完全的人"，就是"精神之能力"和"身体之能力"的共同、和谐发展。因此，王国维把教育分为体育和心育两大部分，在心育中则将德育、智育、美育并列提出。他说："完美之人物不可不具备真善美之三德，欲达此理想，于是教育之事起。教育之事亦分为三部分：智育、德育即意志，美育即情育是也。"他还强调："美育者一面使人之感情发达，以达成完美之域，一面又为德育与智育之手段，此又为教育者不可不留意也。"王国维在《论小学校唱歌科之材料》一文中，批评了片面追求道德目的而忽略美育的根本特点，认为如果忽略了美育的特点，道德目的也难以达到。他认为唱歌课的目的有三个：一是调和其感情；二是陶冶其意志；三是练习其聪明器官及发音器官。他认为"一与三"为唱歌科自己之事业，而"二"则为修身科与唱歌科公共之事业，故唱歌之目的自以前为重。"虽有声无词之音乐，自有陶冶品性使之高尚和平之力，固不必用修身科之材料为唱歌之材料也。故选择歌词之标准，宁从前者而不从后者。若徒以干燥拙劣之辞，述道德上之教训，恐第二目的未达而已失第一目的矣。欲达第一目的，则于声音之美外，自当益以歌词之美。"这说明选择美育的教材应该以美为标准，不能以道德为标准。美育应该有其自己的性能与规律，有其独立的价值，不应把美育科看成是修身科的辅助科目。王国维在《霍恩氏之美育说》中指出："感情生活之发展之最高者，美之理想也。审美教育者何培养其趣味而发展其美之感觉也。""审美的感动即对美之观念之快感。""而美之感觉，实吾人感情生活中最高尚之部分也。""欲使人间生活近于完全，则尚有一义焉，曰真知其为美而爱之者是已。"王国维在谈到实际中的审美教育问题时，认为审美教育的目的应该是"修养美的感觉，获得美的意识是已"。

我国近代倡导美育的先驱蔡元培不仅从理论上对美育进行了全面的、系统的探讨，而且积极付诸教育实践。1912 年，他就任中华民国第一任教育总长，开始着手教育改革，把美育纳入教育方针，并把美育作为教育方针的一个重要组成部分。民国政府所确立的德、智、体、美四育并举的教育宗旨，其目的是培养具有资产阶级民主革命理想的全面发展人才，这为其后的学校培养人才模式奠定了重要基础。蔡元培比较注重音乐的审美价值，他曾说："美育者，应用美学之理论于教育，以陶冶感情为目的者也。"其肯定了审美教育是关于美的教育，是一种情感教育。

蔡元培于 1917 年在北京神州学校做题为《以美育代宗教说》的演说，在谈到之所以创办公立大学时说，美育是近代教育的主要方面，美育的实施，通过艺术教育进行，是为了在社会上培养美的创造与鉴赏的知识。其中更指出了艺术审美教育的重要性，明确了审美教育的目的应该是欣赏美、发现美与创造美。但是，王国维、蔡元培等还是非常注重美育的辅德益智功效。蔡元培曾说："教育之目的，在使人人有适当之行为，即以德育为中心是也。所以美育者，与智育相辅而行，以图德育之完成也。"这些观点表明，他们仍旧是把美育作为辅德益智的工具，试图以审美教育来解放人性、改造文化、变革社会。总之，这些美育观点仍在以伦理教化为旨归的局限性，在一定程度上丢失了个性解放、情感自由等美育精神，夸大了美育的社会现实功能，让美育担负了超过其负荷的历史任务。

后来，民国政府将蔡元培提出的德、智、体、美四育并举的教育方针作为政府的教育宗旨，特别是首次将美感教育列入学校教育宗旨中，规定"乐歌"课为中小学校的必修课，并提出对青少年学生进行"美育"教育，这在我国教育史上是一个具有深远意义的创举。音乐教育是美育的一项重要内容，美育强调的是情感教育，将情感教育作为音乐教育的主要教育目的，这比清末时期的学校教育目的"涵养其德行"具有更丰富的内涵。这一时期，美育进入教育法规文件，成为学校音乐教育的指导思想。可以说，这是中国学校音乐教育发展的一大进步。

1912 年 11 月，在当时教育部制定的《小学教则及课程表》中，明确指出了音乐教学的教学目的及教学计划，即"唱歌要旨，要使学生唱平易歌曲，以涵养美感陶冶德性"。1916 年，教育部公布的《国民学校令施行细则》中进一步指出："学生的手工、图画、唱歌都有涵养美感的作用，特别是歌词乐谱易平易雅正，使学生心情活泼优美。"这一时期的教育部文件对社会音乐教育方面提出了严格要求，"以增高审美思想为主，如设美术馆、美术展览会、改良文艺音乐演剧等属之"。在这些章程中，除指出音乐教育的德育功能外，都更为强调音乐教育是一种美感教育，能够培养审美思想，涵养内心美感，陶冶学生的情操，使学生发现美、认识美、追求美。

学堂乐歌的兴起是这一历史时期音乐教育发展的一个主要特征。这个历史时期，音乐教育是以提高全民族的文化素养、培养高尚道德情操和审美情操为宗旨的大众音乐教育。学堂乐歌产生于清末民初的戊戌变法时期和辛亥革命时期，自始至终贯穿着救亡图存的爱国主义思想，得到广大中国人民的肯定并为群众所接受。学堂乐歌的出现，音乐课被正式列入国家教育计划中，成为中国近现代音乐教育的重要标志，也代表着我国国民音乐教育的开始。在当时的历史环境下，国民音乐教育的主要目的之一，就是进行爱国主义教育。值得肯定的是，"学堂乐歌"在那种特殊的历史时期，唤起了民众极大的爱国主义热情，在中国人民为争取胜利的斗争中发挥着不可替代的作用。

学堂乐歌课的开设，对树立新的社会风尚和改造国民的音乐素养起到了良好的作用。从学堂乐歌开始，爱国主义便成为音乐教育的一项重要内容。在辛亥革命以前的十年，学堂乐歌的编写和传播直接同宣扬"富国强兵"的爱国教育和"军国民教育"相联系。在辛亥革命以后的十年是全国普及阶段，由于大众对于共和国诞生的期望，使学堂乐歌的内容较多联系青少年的生活现实和他们的审美要求。

（二）低谷阶段（1919～1949 年）

1919 年至 1949 年期间，中国社会动荡、长期战乱，中华民族处于危亡时刻，音乐教育成为进行爱国主义教育的一个有效手段与途径，音乐审美教育功能被人们忽视，所以称为"低谷阶段"。

历史的动荡使中华民族处于水深火热中，音乐教育与社会政治运动的联系极为密切。在五四新文化运动中，音乐课内的许多歌曲都成为宣传民主和科学的有力武器，爱国主义教育贯穿于学校音乐教育的始终。

在新文化运动的推动下，我国的音乐家、音乐教育家自发组织了很多关于音乐方面的学术性社团与学会，并出版了许多音乐刊物，其中很多音乐学会与音乐刊物都突出了音乐的审美意义及美育作用，如"上海中华美育会"由吴梦非、丰子恺等人发起，1920年4月出刊了《美育》，由吴梦非任总编辑，至1922年4月停刊。"北京爱美乐社"于1927年建社，主要负责人为柯政和、刘天华等，创办音乐刊物《新乐潮》。这些音乐活动对新音乐运动的发展起到了极大的推动作用。这些音乐教育家的音乐美学思想、教育思想中有许多关于音乐审美功能方面的论述。青主，原名廖尚果，近代著名音乐家。他认为音乐是一种无穷无尽的艺术，若去研究、欣赏它，就会聪慧而且感觉愉快。超越人类情感之外的音乐，还会引领你的精神生活从此进入一个真、善、美的世界。同时，青主很重视音乐不同于其他具体艺术的特殊性，强调"音乐本来不是用来描写具体的物质的"，"音乐是最适合用来唤醒人们的灵魂"。青主强调音乐是声音的艺术，反映人类的复杂情感与人类的灵魂。青主在其著作《音乐通论》中强调"音乐是一种独立的艺术""音乐不是礼的附庸"。他认为音乐必须摆脱现实政治的束缚，获得独立的品格，成为自由的艺术、艺术的艺术，真正为人民所有的艺术。青主的音乐思想肯定了音乐教育属于情感教育、审美教育，肯定了音乐的审美性以及音乐教育的审美意义。

王光祈，字润屿，现代音乐学家。他企图通过音乐来唤起民众，希望用音乐来"引起""民族自觉之心"。他认为"国乐"必须"代表民族特征""发扬民族的美德""畅舒民族感情""引导民众思想向上"。同时，"音乐是人类生活的表现，东西民族的思想、行为、感情、习惯，既各有不同，其所表现于音乐的，亦当然彼此互异"。这说明音乐能够表现出人类生活、思想、感情、习惯等各方面的不同，各民族的音乐文化都应该具有本民族特色。他的音乐理论主要从民主爱国主义思想出发，但是，他的音乐思想存在着根深蒂固的封建礼教的影响，在为救中国而建立民族新音乐的同时，自然与复兴封建礼教的主张混为一谈。

萧友梅也是当时具有一定影响的音乐教育家，他创作的学校歌曲主要是通过对学生生活的描述，向学生进行思想道德教育以及审美情操的教育，使音乐教育发挥其审美功能。

另一位音乐家丰子恺是反对封建礼教、提倡"美育"的代表性人物，在他的音乐思想中十分重视音乐及音乐教育的审美价值，并且肯定对情操的陶冶价值。

总之，五四运动以来以蔡元培为代表所提出的"美育"在教育界和专业音乐界已经深入人心，音乐教育的发展受到教育行政当局重视，音乐教育的审美功能在一定程度上得到发挥。1922 年，全国教育联合会通过了"新学制"，在颁布的新学制课程设置中，音乐课被列为小学六年及初中三年学期均必修的科目。同时，教育联合会还延聘专家草拟适用于中小学的《音乐科课程标准纲要》，这在中国现代普通音乐教育发展中，是一项具有指导意义的理论建设工作。《音乐科课程标准纲要》明确了小学音乐课的主要目的应该是发展学生活泼的天性、涵养、爱的感情和融合的精神，同时养成识谱和唱歌的能力，这就肯定了音乐教育对人的发展所具有的情感调和作用和审美意义。1923 年 6 月，教育部颁发了《小学音乐课程纲要》和《初级中学音乐课程纲要》。《课程纲要》中强调了美育的重要性，尤为重视音乐教育中的情感体验，将美感教育写入音乐教育法规文件，表明了政府对美育与音乐教育的重视。

抗日战争时期，吕骥等对统一战线的性质和方向加以阐明，提出了"新音乐运动"的口号，从理论上说明了"新音乐运动"的性质和任务是"作为争取大众解放的武器，表现、反映大众的生活、思想、情感的一种手段，更担负起唤醒、教育、组织大众的使命"。这时，音乐成为战斗的武器，不能抒发个人的情感，使音乐重新成为礼的附庸，成为进行思想政治教育的手段、工具。这个时期的音乐教育成为进行抗日思想教育的一种有效手段，并在中华民族抗日斗争中起到了不可忽视的作用。但是，这个时期音乐的审美意义在实际的音乐活动中并没有得到明显体现，更多发挥的是音乐作为政治教育、思想教育武器的作用，这也是由当时的国内外历史环境所决定的。

二、近现代音乐审美教育功能的发展历程及启示

随着中国封建社会制度的瓦解，西方帝国主义在文化、经济上的入侵，中华民族到了生命存亡的关键时刻。20 世纪初，中国开办学堂，兴起"学堂乐歌"，并出现"新音乐"。音乐艺术及其教育发展一直没有停滞，音乐理论的水平也得到一定程度的提高。许多音乐教育家、思想家对音乐的审美教育

功能做出了详细的阐述，音乐的审美教育功能随之得到人们的认可，并被当时的政府写入音乐教育指导性文件。但是，随着中华民族处境进一步的恶劣，受抗日战争、国内战争的影响，音乐教育更多地发挥其政治、思想武器的作用，其作为一种工具，成为进行爱国主义教育的一种有效手段。

从整个近现代音乐审美教育功能的发展历程来看，我们可以得出三个重要的启示。

（一）提出音乐教育的主要目的是审美

随着对音乐教育审美功能的逐步认识，人们已经把音乐教育作为一种审美教育，并且开始关注音乐课程的审美意义以及音乐作品的艺术审美价值与审美意义。对审美在音乐教育中的重要性，许多音乐教育家都给予了较高评价。

王国维在其教育观点中明确提出了音乐教育的道德目的与美育作用的问题。他批评了片面追求道德目的而忽略美育的根本特点，认为如果忽略了美育的特点，道德目的也难以达到。他认为选择美育的教材应该以美为标准，而不能以道德为标准。美育应该有其自己的性能与规律，有其独立的价值，不应把美育科看成是修身科的辅助科目。同时，蔡元培在主张美育的同时，肯定了审美教育是关于美的教育。另外，青主、王光祈、丰子恺等人也肯定了音乐作为一种艺术形式所具有的审美功能，肯定了音乐教育是一种审美教育，强调音乐教育是一种美感教育，通过音乐教育能够培养审美思想，涵养内心美感，陶冶学生的情操，使学生发现美、认识美、追求美，并对学生的成长具有极大的审美意义上的作用。这些关于音乐教育审美功能的论述，不但尖锐地反对当时存在的片面追求音乐德育目的的观点，而且充分肯定了音乐教育对人的发展所具有的情感调和作用和审美意义。音乐作为一种审美性的艺术形式，决定了音乐教育也应该是一种审美教育，并应该成为美育的重要途径。音乐审美教育应该真正实现以审美为核心、丰富学生的审美体验，使学生具有一定的审美能力，从而使生活变得丰富多彩，人类社会更加美好。

（二）指出音乐审美教育是一种情感教育

美育在这一时期的提倡，使人们认识到音乐教育是一种审美教育，审美目的是其最重要的目的。更重要的是，人们还认识到了音乐审美教育是一种情感教育。另外，王国维也把情感教育当作唱歌课的目的之一，他认为音乐审美教育是人类感情发展到最高层次的有效手段与途径，人们对音乐的审美感受也就是音乐对人类情感的触动。蔡元培也认为音乐审美教育是以陶冶感情为目的的，肯定了音乐审美教育是一种情感教育。总之，当时已经强调音乐审美教育的情感性，音乐审美教育已经被定性为情感教育。

音乐是情感的艺术，音乐更能够进入人的情感世界，能给人以美的享受，使人们在音乐美的愉悦和陶冶过程中，情感得以升华，心灵得以净化，产生一种潜移默化的精神力量。情感是音乐审美过程中最活跃的心理因素，音乐教育通过情感中介，在聆听音乐、情绪勃发的同时享受美感，使道德情感与审美情感联系起来，使以道德认知为前提的、作为社会理性和实践理性的道德情感体验经过艺术审美情感的中介，实现个体的意志自由，达到音乐教育的审美本质要求。

（三）将音乐审美教育写入政府的音乐教育指导性文件中

随着对音乐教育审美功能与音乐教育情感性的进一步认识，政府已经开始将美育及其审美目的、情感目的写入教育指导性文件，使音乐审美教育的地位明显得到提高，音乐审美功能在音乐教育功能中的地位也随之明显得到提高。

全国教育联合会通过"新学制"并颁布《音乐科课程标准纲要》，这在中国现代普通音乐教育发展中是一项具有指导意义的理论建设工作，其中明确肯定了音乐教育对人的发展所具有的情感调和作用和审美意义。1923年6月，教育部颁发的《小学音乐课程纲要》和《初级中学音乐课程纲要》强调了美育的重要性，尤为重视音乐教育中的情感体验，将美感教育写入音乐教育法规文件，表明了政府对音乐审美教育功能的重视。这一历史时期美育进入教育法规文件，成为学校音乐教育的指导思想，这不仅是中国学校音乐教育发展的一大进步，更是音乐审美教育发展的一大进步。

由此可见，音乐审美教育功能已经在漫长的历史发展过程中逐渐被人们所认识，并进一步给予关注，人们对音乐审美教育的理论认识趋向成熟。音乐的审美教育功能始终应该作为音乐教育的主要功能，并将在音乐教育实践中起到十分重要的作用。

第三节 现代音乐审美教育

一、当代音乐审美教育理念的发展历程

自新中国成立至今，我国的音乐教育事业经历了曲折的发展过程，但最终有了较为显著的进步。中华人民共和国成立初期音乐教育工作的恢复，带来了音乐文化、教育事业的春天，音乐审美教育获得了较大的发展。直到改革开放，美育的"春天"来临，音乐审美教育进入发展时期，并取得了一定的成就，2002 年的音乐教育改革更是使音乐教育进入了全面发展时期。音乐审美教育在曲折中逐渐成长，音乐审美教育功能在音乐教育中的地位也得到提高，我们将当代音乐审美教育理念的发展分为恢复、曲折、重振三个历史阶段进行详细的阐述。

（一）恢复阶段（1949～1956 年）

随着新中国的成立，我国社会政治、经济、文化、教育等各方面发生巨大转变和迅速发展，音乐教育得以恢复，音乐审美教育功能也得以重申，并得到了一定的发展，所以称为"恢复阶段"。1949 年新中国成立，全国各方面的工作逐步开展，改造旧的教育体制、建立新的教育体制成为这一时期的主要任务。20 世纪 50 年代初中央人民政府教育部所制定的"实施智育、德育、体育、美育等全面发展的教育"方针，确立了美育在学校全面发展教育中的地位。随后，教育部颁布了一系列教育改革章程，要求从小学到中学都必须开设音乐课，《小学暂行规程草案》《中学暂行规程草案》《师范学校暂行规程草案》等文件都规定了各自的美育具体目标，如"使学生具有爱美的观念和欣赏艺术的初步能力""陶冶学生的审美观念，并启发其艺术的创造能力""培养学生爱美的观念和兴趣，增进其想象力和创造力"等。

这一时期，音乐作为一种审美教育被人们充分认识并得到肯定，但是音乐教育与当时的政治、经济、社会发展变化紧密联系在一起。音乐教学内容密切配合社会政治运动，音乐主要发挥着进行爱国主义、鼓舞群众的作用，其审美意义并没有真正在音乐教育实践中得到充分体现，音乐教育的美育作用在实际教学操作中仍然受到不同程度的忽视。

（二）曲折阶段（1957～1975 年）

在 1957～1975 年，音乐教育的审美功能在我国的教育实践中被淡化。我国当时的教育方针定为"应该使受教育者在德育、智育、体育几方面都得到发展，成为有社会主义觉悟的有文化的劳动者"，其中未将美育包括其中，音乐教育在学校教育中的地位被削弱，音乐教育的审美功能更无从谈起。

（三）重振阶段（1976 年至今）

1976 年之后，全国各项工作都得到恢复，随着 1979 年美育问题的讨论使音乐审美教育重新受到重视，音乐审美教育功能的地位得以提高。2002 年，音乐"新课程"的颁布与试行，使音乐审美教育功能逐渐获得应有的地位，所以称为"重振阶段"。

自改革开放以来，本着"解放思想、实事求是"的路线指引，美育问题又被重新提出来，政府有关部门认识到中小学艺术教育课程不可替代的重要作用，美育和音乐教育在学校教育全面发展中的重要地位得到确立。

1979 年，教育界、音乐理论界学者对美育问题的讨论，统一了美育和音乐教育在学校教育全面发展中重要作用的看法，并引起了教育部领导的重视。80 年代中后期以来，随着国家对美育的重视，我国音乐教育进入了发展阶段。1986 年 4 月，第六届全国人民代表大会通过的《中华人民共和国国民经济和社会发展第七个五年计划（1986—1990）》中提出了"各级种类学校都要加强思想政治工作，贯彻德育、智育、体育、美育全面发展的方针"。由我国著名音乐家吕骥、贺绿汀牵头，37 位音乐界颇有影响的专家、教授在第四届文代会上联合签名的关于音乐教育的《倡议书》发表以后，提出"没有美育的教育是不完全的教育"，充分使人们认识到美育在完善人的品格、陶冶情操和人的协调发展等方面是其他教育所不能代替的，确立了美育在国家教育方针中的地位，为学校的培养目标指明了方向，也为学校实施美育提供了保证。

音乐教育作为学校美育的主要内容，其作用已逐渐被人所认识。1992 年 6 月颁布了《九年义务教育全日制小学音乐教学大纲（试用）》，在大纲前言中除了强调音乐教育是实施美育的重要途径之外，还强调了音乐教育对提高全民族的素质和建设社会主义精神文明建设有着重要的作用，将音乐教育的意义提高到从未有过的高度。虽然要求将德育渗透到音乐教育中，但同时强调要突出音乐学科的特点，提高审美意识，对音乐教育的审美功能予以肯定。

1993年2月，中共中央国务院正式印发《中国教育改革和发展纲要》，明确规定"美育对于培养学生健康的审美观念和审美能力，陶冶高尚的道德情操，培养全面发展的人才，具有重要作用。要提高认识，发挥美育在教育教学中的作用，根据各级各类学校的不同情况，开展形式多样的美育活动"。这是党中央国务院第一次在国家颁布的教育法规文件中以专条的形式论述美育在学校教育中的地位和作用。

1994年6月，中共中央国务院召开了改革开放以来第二次全国教育工作会议，美育作为这次会议的一个重要议题，中央领导同志的讲话中都包含了美育的内容。其中，李鹏指出"中小学的美育包括音乐、美术、劳作等，对全面提高学生的素质，陶冶学生情操，培养全面发展的人才，具有重要作用，应该切实加强"。大会还特别指派艺术教育委员会委员做了《加强审美教育，培养全面发展的一代新人》道德专题发言。1994年8月，《中共中央关于进一步加强和改进学校德育工作的若干意见》中第九条规定："要在九年义务教育阶段中进一步落实音、体、美课程，并积极在普通学校和高中阶段开设艺术选修课，陶冶情操，提高学生的艺术修养和欣赏水平。"1995年10月，国家教委颁布的《普通高中艺术欣赏课教学大纲初审稿》指出，在高中阶段加强对学生进行审美教育，对于培养德、智、体、美全面发展的未来人才具有积极的促进作用。这一系列政府文件、会议讨论中对于审美教育的肯定，充分说明音乐教育的审美功能正在逐渐被人所接受、所重视。当然，我国音乐教育本身仍旧存在许多问题。例如，实际操作中音乐课程过于注重知识传授的倾向，音乐课程过于强调学科本位课程内容，偏重书本知识，脱离学生生活与社会发展，教学方法过于依靠传授式。音乐教育在许多方面无法适应当前素质教育的要求，更有教育观念上的以德育代替美育。在实际音乐教学中从时值出发的节奏训练，着眼于音程、和弦的听觉训练等都不能使学生产生审美体验，使音乐课程产生与音乐审美相悖的倾向。音乐教育的实际操作有违于提高学生的审美能力、培养创新精神和实践能力的教育目的，在一定程度上忽略了对学生审美能力、创新精神和实践能力的培养。

90年代末，《中共中央国务院关于深化教育改革全面推进素质教育的决定》在全国人民对于美的呼唤声中颁发。其中，第六条专门对美育问题做了科学全面的阐述。首先，对美育的作用做了科学表述。美育不仅能陶冶情操、提高素养，而且有助于开发智力，对于促进学生全面发展具有不可替代的作用。其次，明确而具体地提出了学校美育的任务、目标及其实施途径。尽快改变学校美育工作薄弱的状况，将美育融入学校教育的全过程。中小学要加强音乐、美术课堂教学，高等学校应要求学生选修一定数量的包括艺术在内的人文学科课程。开展丰富多彩的课外文化艺术活动，增强学生的美感体验，培养学生欣赏美和创造美的能力。不仅如此，全国艺术教育工作经验交流会在青岛召开，原教育部长陈至立在《致全国学校艺术教育工作经验交流会的信》中，就贯彻《中共中央国务院关于深化教育改革全面推进素质教育的决定》指出，"实施素质教育，就是要全面贯彻党的教育方针，以提高国民素质为根本宗旨，以培养学生的创新精神和实践能力为重点，造就'有理想、有道德、有文化、有纪律'的德智体美劳等全面发展的社会主义事业建设者和接班人"。实施素质教育，必须把德育、智育、体育、美育等有机地结合统一在教员活动的各个环节中，学校教育不仅要抓好智育，更要重视德育，还要加强体育、美育、劳动技术教育和社会实践，使诸方面教育相互渗透、协调发展，促进学生的全面发展和健康成长。陈至立进一步指出，"审美素质是人的综合素质的重要组成部分，一个人不会审美，就是不完全的人。艺术教育是美育最主要的组成部分，也是学校实施美育的主要形式和有效途径"。音乐教育在此决定中真正得到重视，音乐教育的审美意义也获得了肯定。

在我国人民的迫切期待中，在《中共中央国务院关于深化教育改革全面推进素质教育的决定》的精神指引下，我国进行了新一轮的音乐课程改革，并于2001年7月颁发了《全日制义务教育音乐课程标准实验稿》，明确把"以审美为核心"定为音乐课程的基本理念之一，在实际音乐教学中坚持贯彻把审美情感体验作为音乐教育最重要的价值观，把音乐教育作为一个审美感知与审美发现的过程，使音乐教育真正体现其审美价值、审美意义，真正成为审美教育。同时，明确表明"以音乐审美为核心的基本理念，应贯穿于音乐教学的全过程，在潜移默化中培育学生美好的情操、健全的人格。音乐基础知识和基本技能的学习，应有机地渗透在音乐艺术的审美体验中。音乐教学应该是师生共同体验、发现、创造、表现和享受音乐美的过程。在教学中，要强调音乐的情感体验，根据音乐艺术的审美表现特征，引导学生对音乐表现形式和情感内涵的整体把握，领会音乐要素在音乐表现中的作用"。另外，在新的音乐课程标准中说明了音乐课程的审美体验价值，并明确指出，"音乐教育以审美为核心，主要作用于人的情感世界。音乐课的基本价值在于通过以聆听音乐、表现音乐和音乐创造活动为主的审美活动，使学生充分体验蕴含于音乐音响形式中的美和丰富的情感，为音乐所表达的真善美理想境界所吸引、所陶醉，与之产生强烈的情感共鸣，使音乐艺术净化心灵、陶冶情操、启迪智慧、情智互补的作用和功能得到有效发挥，以利于学生养成健康、高尚的审美情趣和积极乐观的生活态度，为其终身热爱音乐、热爱艺术、热爱生活打下良好的基础"。自此，音乐的审美意义、音乐教育的审美功能被明确地写在了音乐课程标准中，并在音乐教育实际操作中得到真正有力的贯彻与发挥，音乐教育成了真正意义上的审美音乐教育。如今，我国音乐教育改革正在不断探索、发展过程中，虽然困难重重，但已经取得了显著成绩。目前的音乐教学课堂中，教师引导学生在音乐美的亲身体验中发现美、理解美、创造美，使学生在美的享受中得到情感的升华、性情的陶冶、人格的塑造。音乐及音乐教育的审美功能在实际音乐教学中得到了充分应用，并发挥着重要的作用。从上述我国近现代音乐教育审美功能的发展历程来看，其与我国的历史、文化、社会、政治发展紧密相连，时而成为政治的工具，时而拥有其自身的审美意义，经过了极为曲折漫长的发展过程。

二、当代音乐审美教育功能发展对音乐审美教育的启示

20 世纪 80 年代后，音乐及音乐教育得到了充分发展，但是音乐的审美价值仍不能作为音乐价值的主流，政治功用性的音乐充斥于整个社会，音乐教育的审美功能、审美意义没有得到较为正确的认识。改革开放以来，艺术得到重视，艺术教育逐渐走上发展的正确轨道。但是，音乐教育仍过多关注音乐课程的外在价值，特别是辅德价值，而忽视了音乐课程的内在与本质——审美价值；过分注重音乐的非审美体验，如音乐知识、技能等，而忽视了音乐审美体验，如想象、创造、情感等；还存在把其他课程的教育目标迁移为音乐课程的教育目标，从而忽视了音乐教育自身独特的审美育人的学科目标。

值得庆幸的是，音乐的审美意义最终被人们所重视，音乐教育的审美功能也得到进一步的充分发掘。新一轮音乐课程改革明确提出"以音乐审美为核心"这一基本理念，开始关注音乐的审美意义及审美教育功能。随着音乐新课程改革的进一步推行与实施，音乐作为一种审美对象，音乐教育作为审美教育的有效手段，逐渐得到了应有的重视，其独特的审美教育作用也得到充分的发挥。综上，我们可以从当代音乐教育审美功能的发展中得到以下启示。

（一）审美教育功能在教育方针中的地位决定了音乐教育的发展

1949 年新中国成立，全国各方面的工作逐步开展。20 世纪 50 年代初中

央人民政府教育部所制定的"实施智育、德育、体育、美育等全面发展的教育方针"，确立了美育在学校全面发展教育中的地位。随后，教育部颁布了一系列教育改革章程，都规定了各自的美育具体目标，突出强调了"实施智育、德育、美育等全面发展的教育方针"，音乐教育的目标明确成为为建设社会主义造就一批全面发展的人才而服务。

自改革开放以来，政府有关部门认识到中小学艺术教育课程的不可替代的重要作用，美育和音乐教育在学校教育全面发展中的重要地位得到确立，确立了美育在国家教育方针中的地位，音乐教育成为学校美育的主要内容。

总之，从当代音乐教育审美功能的发展历程来看，审美教育功能在政府教育方针中的地位决定着音乐教育的发展。如果在一个时期政府能够充分认识到音乐审美教育功能的重要性，真正关注音乐教育的审美意义，并将美育纳入国家的教育方针中，在具体的政治举措上、经济费用上给予足够的保证，那么这个时期的音乐教育就能够得到健康的发展。所以，音乐教育作为审美教育的一种，只有肯定其审美教育功能，并将审美教育列入国家教育方针，音乐审美教育才能顺利得到实施，才会有进一步健康发展的可能。

（二）我国的音乐审美教育必须具有中国特色

1956 年教育部颁布的《初级中学音乐教学大纲草案》和《小学唱歌教学大纲草案》是新中国成立之后颁发的第一套完整的音乐教学大纲，学习借鉴了苏联音乐教育理论和实践的经验，并且注意音乐审美教育与思想品德教育的有效结合。但是，其在一定程度上忽略了我国的历史背景与当时的整体音乐教育水平。例如，两部大纲规定的教学内容相对于我国当时的音乐教育水平有些复杂，过分重视音乐审美教育的道德目的。这对我国的音乐审美教育发展的方向、水平产生了不利的影响。2001 年 7 月颁发的《全日制义务教育音乐课程标准实验稿》明确把"以审美为核心"定为音乐课程的基本理念之一，同时提出"弘扬民族文化"等相关理念，主张在结合我国音乐教育的实际发展水平与音乐审美教育在新时期应该发挥的作用的同时，坚持"理解多元文化"，把握本民族的民族音乐特征，并主张在实际音乐教学中坚持贯彻把审美情感体验作为音乐教育最重要的价值观，把音乐教育作为一个审美感知与审美发现的过程，并使音乐教育真正体现其审美价值、审美意义，真正成为审美教育。所以，我国的音乐教育不仅要考虑我国的音乐教育现状，更要考虑我国的历史、文化与音乐传统。

　　总而言之，如果我们能够从实际国情出发，使音乐审美教育符合我国音乐教育的水平，我们的音乐审美教育就能够得到健康的发展，并取得较为显著的成效。另外，当代世界逐步一体化与全球化，外来的多元音乐文化会源源不断地进入我国。在这样的环境中，如何在坚持吸取多元文化的同时，更好地保持并发扬本民族的特征成为在世界上立足的关键。所以，我国的音乐审美教育必须从我国的实际国情出发，具有自身的特性、拥有特色，成为具有中国特色、符合中国国情的音乐审美教育。

第二章

传统文化融入学校音乐教育的思考

第一节 传统文化与幼儿音乐教育的结合

中国传统音乐是中华民族在历史上创造并传承至今且具有民族风格和特点的音乐文化。在幼儿音乐教育课程中融入中国传统音乐，对于促进幼儿课程本土化，引导幼儿了解传统音乐，是当前幼儿教育发展的新思路及教育改革的必然趋势。将中国传统音乐融入幼儿音乐教育课程，不仅能够丰富课程内容，增强幼儿的民族认同感和归属感、培养幼儿的审美能力并形成良好的品质，也是中国传统音乐文化实现有效传承的重要途径。在具体的教育实践活动中，进一步认识中国传统音乐对课程实践的重要价值，提出切实可行的实践策略，是推动当前学前教育发展的重要任务之一。本节通过对中国传统音乐资源的开发与利用，探究如何形成以本土文化为特色的本土课程。通过以民间童谣为主的唱歌活动、以民族舞蹈为主的韵律活动、以打击乐演奏活动等多种课程实践活动，培养幼儿积极向上的音乐审美情感，引导幼儿了解、喜爱和传承中华优秀文化。

一、中国传统音乐融入幼儿音乐课程的意义

（一）传承传统音乐，增强民族认同

在课程中适时引入民族文化和民族艺术，是学前教育在理论与实践方面实现创新的重要突破口，也是今后幼儿课程发展的新方向。中国传统音乐是中华优秀文化的重要组成内容，在课程中融入具有民族风格和特点的音乐文化，对于传承民族音乐文化，增强幼儿对民族文化的认同感，具有重要意义。为此，相关教育部门多次在幼儿课程改革中强调其重要性。《3～6岁儿童学习与发展指南》指出，在课程与教学中，应尽量让儿童喜欢并欣赏多种多样的艺术形式和作品，以便培养幼儿的艺术兴趣，发展良好的审美心理。此外，

教育部颁布的《幼儿园教育指导纲要（试行）》也进一步强调，要充分利用各类社会资源，不断引导幼儿感受祖国文化的丰富性与多样性，在课程中适当向幼儿介绍我国各民族以及世界其他民族的文化，使幼儿及早感知人类文化的多样性和差异性。

由此可见，在幼儿课程中融入民族传统文化，是当前幼儿音乐课程中的重要理念。幼儿园课程应当立足本土文化，适时将中国传统音乐文化融入其中，使幼儿在聆听、欣赏和表演活动中，进一步感受祖国音乐文化的丰富性和多样性，培养幼儿对民族音乐文化的亲近感与认同感，使他们幼小的心灵从小就能浸润在丰富的民族音乐文化中，让他们感受到民族音乐文化的博大精深。

（二）丰富幼儿音乐审美体验

幼儿具有灵敏的音乐感受力，他们能够通过自己的聆听活动，感受音乐的喜怒哀乐。同时，幼儿还具有丰富的想象力，他们能通过丰富的内心体验，想象音乐中所表达的情感和内容。中国传统音乐作为土生土长的民族传统文化，具有丰富的音乐内涵和风格特征。在幼儿园课程中融入中国传统音乐文化，使幼儿能够在丰富的音乐体验活动中感受本民族传统音乐的特点，对于丰富幼儿的音乐审美体验，发现音乐中所表现社会文化生活具有重要意义。

每一位幼儿的心里都拥有一颗美的种子，幼儿音乐课程就是发现并培育他们心中的这颗种子。通过丰富多样的音乐体验活动，引导幼儿在音乐学习活动和想象活动中，感受音乐带给自己的快乐和幸福。通过学习传统音乐文化，提高幼儿的音乐审美感知力、想象力和创造力。使幼儿通过感受中国传统音乐的旋律、节奏、节拍等特征，逐步学会用简单的身体律动和语言，来描绘自己对音乐的感受，从而丰富幼儿的审美体验。

（三）促进幼儿音乐课程的本土化发展

幼儿园课程是学前教育实践活动的载体，也是幼儿接受学前教育的重要形式。幼儿音乐课程，应当立足幼儿的生活世界，建构具有本土文化特点的课程，使幼儿在潜移默化的课程实施过程中，培养健康向上的学习心态。中国传统音乐作为一种本土文化，其中既有对秀美山川的赞美，也有对中华民族传统美德的颂扬。因此，幼儿应通过对中国传统音乐的学习，广泛接触来自不同地域的音乐文化，感受不同地区的风土人情，从而让他们的心灵世界变得充实而丰富，为今后的学习和生活奠定良好的基础。

中国传统音乐为幼儿课程内容提供了丰富的资源，幼儿音乐课程应当在深入领会国家层面课程政策的基础上，充分认识本土音乐文化的重要性，将丰富多彩的中国传统音乐文化作为宝贵的课程资源，开发具有本地特点和学校特色的课程，使课程扎根于传统音乐文化的沃土中，建构具有文化特色的本土课程。通过本土音乐的学习，使幼儿的学习与实践活动始终建立在丰富的生活世界中，通过对传统音乐文化的聆听、感受、创造等活动，形成积极向上的健康心理和热爱家乡的良好品质。

二、中国传统文化和幼儿音乐启蒙教育融合方向

（一）积极更新教育启蒙教育思想

为了促进中国传统文化和幼儿启蒙教育的有效开展，就要强化人员思想意识的创新和改革。越来越多的家长认识到幼儿音乐启蒙的重要性，将传统文化融合进去，为幼儿综合素养的提升奠定坚实的基础。通过教育观念更新的方式，提升人员对于传统文化教育的认知程度。积极地优化和创新教学方式，采用儿歌、童谣的形式让传统文化融合到启蒙教育之中。另外，要激发幼儿的音乐兴趣，将传统文化的传承作为重点工作，促进幼儿音乐启蒙发展进程，不断深化传统文化的宣传。

（二）以幼儿音乐启蒙教育方式推动传统文化的继承

针对中国传统文化的传承需求进行分析，幼儿音乐启蒙教育要更加重视传统文化的继承和弘扬。要结合幼儿音乐启蒙教育特点进行分析讨论，以幼儿音乐的形式展现传统文化的魅力，这样不仅有助于幼儿启蒙音乐和传统文化的融合，同时也为传统文化的继承和弘扬创设了良好条件。传统文化的发展和教育工作的推广有着直接的联系，幼儿教学要更加重视传统文化的继承。采用幼儿音乐启蒙教育的曲调展现传统文化，充分发挥出幼儿音乐朗朗上口、易于记忆的特点，促进中国传统文化的学习和发展，利用多种方式强化幼儿对于传统文化的记忆和理解，实现传统文化传承的教育目标，为幼儿音乐启蒙发展做出更多的贡献。

（三）积极借鉴外国的教育方式，促进传统文化和幼儿音乐启蒙的有效融合

要积极学习外国的教学方式，比如韩国传统音乐的继承。韩国制定了一系列的教育规范，从幼儿启蒙教育开始，将传统音乐作为音乐教育的核心内容。幼儿的音乐启蒙都是以儿歌作为起点，逐步提升儿童的音乐素养。激发幼儿的音乐兴趣，促进传统文化和传统音乐的传承。同时，幼儿音乐启蒙可以陶冶情操，避免出现沉迷电子产品的情况发生。幼儿的生活更加充实，通过锻炼有效地提升自身的协调能力。国内经济快速发展，人们对于传统文化的关注越来越少。英语等实用性教育内容受到家长的追捧，却忽略了传统文化对于幼儿精神世界的影响。幼儿园为了迎合家长的喜好，不断将教学内容西方化，导致了传统文化断代的情况出现。有的家长自身对于传统文化的了解也非常少，不能满足引导学生学习的需求。

对于幼儿教育模式进行规范，将传统文化融合到教学活动中。采用儿歌的形式，积极推动传统文化继承工作。在幼儿园的音乐教学过程中，要更加重视传统音乐、地方音乐对于幼儿教育的影响。激发幼儿的音乐兴趣，凭借快慢相间的艺术形式来培养幼儿平静性情，进而促进幼儿性格的完善。

三、中国传统文化和幼儿启蒙音乐融合措施

（一）促进儿歌的发展

儿歌是传统民间文化的表达形式，因为朗朗上口等特点广泛流传。儿歌旋律非常简单，受到了儿童的喜爱。在实际的幼儿音乐启蒙教育中，选择具有当地风土特色的民间歌谣来激发幼儿的音乐兴趣。要注意儿歌的教育性、娱乐性和音乐性特征，为后续工作的开展奠定坚实基础，这样不仅有助于幼儿理解音乐内涵，还可以让幼儿掌握当地的风俗习惯。比如《二十四节气歌》，让幼儿更好地掌握节气知识。

（二）融合民间舞蹈

幼儿大都活泼好动，将音乐启蒙和传统民间舞蹈有效地结合起来，培养幼儿音乐兴趣，逐步提升音乐素养。将幼儿常用的肢体动作融合到舞蹈之中，比如点头、跑跳、挥手等内容。教师在音乐启蒙教育过程中，引导学生采用简单的动作模仿音乐情景，更好地感受到节奏韵律。音乐和动作的融合，不

仅有助于幼儿对于音乐的理解，还可以增强幼儿的肢体协调性。

（三）制作节拍器

节奏是音乐的基础，同时也是音乐情感的有效表达方式。教师引导学生制作简单的节拍器，帮助幼儿更好地掌握节奏感。比如三脚架、风铃等物品的制作，按照节奏打击乐器，从而强化幼儿对于音乐节奏的感悟。另外，要积极地拓展击打范围，对于不同风格的歌曲进行学习，逐步深化幼儿对节奏的认知，激发幼儿的音乐兴趣。因为幼儿处于启蒙阶段，对于内容的认知非常简单，教师在进行歌曲选择时，要采用节奏简单、易于接受的歌曲，按照循序渐进的方式教学。

（四）融合动画产业，使幼儿音乐启蒙教育与传统文化有机结合

针对现代幼儿音乐启蒙教育动画作品对儿童兴趣的促进作用，我国还应加快对传统文化动画产业的扶持。将传统文化融入幼儿动画作品中，并通过音乐表现形式等实现幼儿音乐启蒙教育与传统文化的有机结合。例如，一些动画企业以《三字经》为基础，以儿歌形式进行作品制作。并根据《三字经》内容将其释义以动画形式进行展开。这样的动画作品不仅能够调动儿童的观看积极性，同时也在动画作品观看中完成了《三字经》的教学，实现了传统文化教育与幼儿音乐启蒙教育目的。一个《三字经》内容已经被多家动画企业进行了不同版本的制作，有些企业还在动画作品中引入了传统京剧、地方戏等曲调作为背景音乐，促进了传统音乐的传承，使幼儿在潜移默化下接受传统音乐教学。现代动画企业也应认识到传统文化教育的重要性，开发更多的传统文化教学作品，促进传统文化、传统音乐的传承。

四、农村幼儿园的音乐教育发展

农村地区幼儿园以私人创办的幼儿园为主，另外还有一部分为当地小学机构的附属幼儿园性质，多以学前班命名，私人创建的幼儿园多数以"看孩子"为主，到了大班则是逐渐小学化严重，而当地小学的附属机构学前班更是以小学知识为主，任教老师年龄要么普遍偏高，接触新鲜事物、新的教学理念和教学内容的能力较弱，机会也较少，要么普遍太年轻，缺乏经验，且没有经过专业的学前教育的培训，甚至没有幼儿教师资格证，更别提专业的音乐教育人才，学前音乐课程没有专门的老师和教程，而合格的师资力量和

师资团队是提高农村幼儿园的学前音乐教育水平和教学能力的首要条件，因此提高农村幼儿园音乐教育水平除了政策支持外还要提高幼儿教师的水平和素质，给农村幼儿教师增加一定的培训机会，以点带面，以"园"带"园"，然后制定相应的教学内容和教程安排，组织农村在岗教师参与学习和教研，只有这样才能有效地带动农村幼儿园音乐教育的成长和发展。

《幼儿园教育指导纲要（试行）》指出："音乐教学注重萌发幼儿对音乐的兴趣，丰富他们的艺术经验，提高他们的艺术表达能力，促使个性完善地发展。"从初步考察与《传统文化视野下农村幼儿园音乐教育现状问卷调查》的结果来看，很多农村幼儿园的传统文化教育观念还比较薄弱，很多幼儿教师不知道传统文化教育从何处入手，从幼师学生顶岗教学实习反馈来看，农村幼儿园的音乐教育基本上是以播放视频让幼儿反复地视听来进行教学和学习的，或者根本就没有音乐课，小学化现象严重，农村幼儿园的音乐教育的发展缓慢主要是由于教学内容单调、教学方法单一、教学设施落后、教师音乐教育理念不够明确、教师音乐教育能力不足等多方面的原因造成的。因此要想提高农村幼儿园的音乐教育水平，应在音乐教育的过程中学习传统文化，结合本地文化习俗和传统节日，开展丰富多样的音乐主题活动，让音乐走进孩子们的心灵，在实践中提高农村幼儿教师的音乐教育观念和技能。具体实施可以从以下几个方面入手：

（一）经典著作与音乐教育

从《传统文化视野下农村幼儿园音乐教育现状问卷调查》的调查结果来看，大部分教师主要是通过诵读经典《三字经》《弟子规》《论语》《千字文》《游子吟》等活动来开展传统文化的传承，这是一个非常好的方法。中华民族具有博大精深的传统文化，从言论著作到诗词曲赋，从理性光辉到优美意象无一不是我们的骄傲。中华传统经典诵读活动已经在全国范围内取得了很好的效果。经典著作的诵读与音乐的融合，让我们带领幼儿用吟诵的方式来一边歌唱一边诵读，借助音乐律动更好地理解记忆。

（二）民歌童谣与音乐教育

民歌童谣是流传于民间的儿童歌谣，具有歌词朗朗上口、旋律简单易学、节奏生动活泼等特点，以反映幼儿心理世界变化、表现幼儿日常生活情趣的艺术形式流传至今。针对农村幼儿园音乐教育的现状，从"儿歌童谣教学"

入手，是非常有效的方法。例如选取游戏类的儿歌《盘脚盘》："盘，盘，盘脚盘，盘三年。三年整，烙花饼。花饼花，二百八。一对果子两对瓜，珍珠玛瑙满地抓。"让孩子们一边拍手唱一边玩，在游戏的过程中感受节奏的律动，音调的起伏。还可以选取知识类儿歌《什么虫儿会发光》："什么虫儿声音大？什么虫儿会发光？什么虫儿像飞机？什么虫儿夜里凶？什么虫儿最勤劳？什么虫儿传染病？蝉儿声音大，萤虫会发光。蜻蜓像飞机，蚊子夜里凶。蜜蜂最勤劳，苍蝇传染病。"通过儿歌的唱诵，让幼儿一边感受音乐的韵律，一边掌握了知识。总而言之，儿歌童谣的不同内容具有不同的教育作用，结合地域特点合理地选择适于幼儿理解和接受的儿歌童谣，一方面便于继承和发扬传统文化，另一方面可以有效促进农村幼儿音乐教育的推进和发展。

（三）民族文化与音乐教育

我们是一个多民族的国家，56个民族，56朵花，每一朵"花"都有其不同的文化积淀和音乐财富。因此以民族为背景开展丰富多样的音乐主题活动是一个非常好的音乐教学手段和教学方式。可以借助各民族的生活习俗，重大节日，比如傣族的泼水节、蒙古族的那达慕、苗族的花山节等，通过少数民族歌曲、少数民族舞蹈、节日大联欢等活动，增加幼儿对不同民族音乐的感受力、对各民族文化的理解力，鼓励、引导、激发幼儿对音乐节奏感的表现力。从而让幼儿了解传统文化的丰富多彩，体会音乐的内涵与魅力，培养幼儿的综合素养。

（四）传统戏曲与音乐教育

中国戏曲剧种种类繁多，有300多种，其中京剧、越剧、黄梅戏、评剧、豫剧被称为中国五大戏曲剧种。另外还有昆曲、秦腔、花鼓戏、花灯戏、越调、梆子腔、二人转、皮影戏等，在漫长的历史长河中不断发展至今，给我们留下了很大的精神财富。将传统戏曲文化融合进幼儿音乐教育当中也不失为一种很好的教育方式，戏曲中的唱念做打，很大程度上符合孩子们的天性，而其中的打击乐是中国戏曲独特的运用方式和表现手段，在幼儿音乐教学过程中，结合奥尔夫"律动"的教学理念，充分利用农村幼儿园的实际情况，利用现有的教学工具，结合"民族打击乐"的特点，引导幼儿通过拍腿、拍手等动作来表现戏曲的节奏，在教师的引导下，用简易打击乐器，如鼓、串铃、铃鼓、碰铃、三角铁、木鱼等进行配乐演奏，以丰富多彩的音响效果和生动活泼的教学形式，使之成为培养乐感、启迪智慧、协调合作能力等的重要途径。

　　传统文化作为我国精神文明的重要组成部分，反映出中国人的精神面貌，是我们的根基，也是我们的灵魂载体，必须从孩童时期开始抓起。因此在幼儿园的学前教育阶段，我们就应该开始寻找传统文化与各领域教学的融合。学前音乐教育，以其特有的教育方式和音乐魅力，与传统文化进行结合非常合适，也可以取得非常好的教学效果。学前音乐教育与传统文化的教育进行有效融合，一方面可以使我们祖国优秀的传统文化精神得到传承与发展，另一方面农村幼儿园的音乐教育也可以得到很好的开展和推进，为促进广大农村幼儿的心理身心健康成长和全面发展做出保障。

第二节　传统文化与小学音乐教育的结合

　　中国传统节日作为中国传统文化的重要组成部分，在现代社会越来越引起大家的广泛关注。将中国传统节日文化引入小学音乐教学，为小学音乐教育提供了一个崭新的发展视角，丰富了小学音乐教学的文化建构，拓宽了以中国传统节日文化为内容的国学教育新视界，是对新时代的科学精神与文化精神的体现，实现了音乐学与国学的接通与跨界。

一、中国传统节日文化与音乐教育文化两者的对接

　　中国传统节日文化既包括精神文化，也包括物质文化，是沉淀在人民心里最底层的民族文化底色，反映了中华民族长期历史发展中沿袭下来的群体生活文化。小学音乐教育与中国传统节日文化密切相连。在小学音乐教育中引入中国传统节日文化教育的内容，拓宽了小学音乐教育的新视野，反映出了小学音乐教育与生活的联系。

（一）"乐""礼"同源互为彼此

　　纵观中国古代音乐教育，中国的音乐教育从远古时代的传承祭祀为主要目的到宋、元时期的"教坊"、明清时期的宫廷音乐向民间的扩大，可知：我国古代的音乐教育发展状况取决于统治阶级的需求。而中国传统节日传承之初，

古代封建帝王的"天降神权"也是统治阶级用于稳固封建统治的重要手段。

在华夏悠远的历史长河中，"乐"与"礼"同根同源，息息相关。这里的"乐"就是兼具教育、文化传承与娱乐功能为一体的"音乐"，特别是中国传统音乐，例如孔子"兴于诗、立于礼、成于乐"的教育思想就是提倡"乐"之美，并把"仁"的思想呈现于乐的感性活动中。而"礼"，旧时指"周公之典"，注重礼与乐的和谐并重。曰："乐至则无怨，礼至则不争"。而今，"礼乐"被赋予崭新的时代含义。伴随着"清明""中秋"等传统节日的回归，何谓节？怎样过节？成了人们关注的主题。而在这"何谓"与"怎样"之中，就蕴含了"礼"的新意味。

1.民族音乐中的"节日"情感

在中国音乐史中记录着一大批依托传统节日习俗世代传承下来的优秀民族音乐作品，这些作品透露着人们对传统节日的自身认知与深厚情感。如中秋佳节，玄宗漫游月宫而做《霓裳羽衣曲》、壮族所唱民歌《请月姑》、广东粤音《彩云追月》，以及指挥家彭修文改编的民族管弦乐《花好月圆》等民族音乐作品，都是运用音乐的语言描绘了浩瀚夜空下，月下欢歌的迷人景色。再如端午节时，琵琶独奏曲《龙船》、广东音乐《赛龙夺锦》就描写了龙舟竞渡、鞭炮齐鸣的热闹场景。又如除夕之夜，音乐教育家刘天华所做二胡独奏曲《良宵》以及民乐合奏《龙飞凤舞》《金蛇狂舞》等，都是对"节日"气氛的记录和烘托。

这些色彩斑斓的音乐作品在被传唱的同时，也增添了民众节日里娱乐、祭奠等活动的节日氛围，亦推动了节日文化习俗的传承。它们的存在虽然不是传统节日所固有的，却以民众耳熟能详的经典形式，承载着传统文化的社会文化功能，伴随着节日，走进千家万户，抒情达意。

2."节日"里的音乐传承

音乐与传统节日风俗的紧密结合，使得中国民族音乐文化艺术，依托传统节日这一媒介得以传承。例如：元宵节时全国各地流行的"耍龙灯"以及"划旱船"就是通过民俗"闹元宵"而传承下来的汉族传统舞蹈形式。再如被列入"中国国家级非物质文化遗产"的传统民间舞蹈"周村芯子"就是现今山东省淄博市周村人民在正月十五表演的民间艺术。除此之外，全国各地还有配以锣鼓、笙、唢呐等伴奏乐器而表演的高跷秧歌以及北方乡村流行的唱秧歌、耍社火、打太平鼓，南方村寨所唱的采茶调和花鼓戏等。

传统节日作为一种复合型的文化表现和载体，承载着许多非物质文化遗产的传承使命。如新疆维吾尔族的木卡姆艺术，流传于甘、青、宁的"花儿"，蒙古族的"长调"和"呼麦"，侗族大歌，藏族的格萨尔，泉州的"南音"，西安鼓乐，藏戏，粤剧，昆曲，京剧，朝鲜族的"农乐舞"以及皮影戏都与传统节日的内容紧密相连。

音乐来源于生活，许多音乐形式都是对劳动、生活的艺术加工。然后又服务于劳动，例如四川的《川江船夫号子》起源于船工拉纤的劳动，船夫号子形成之后又反作用于实际劳动中，为船工们加油鼓劲，统一动作。作为一门表现的艺术，在艺人和民众的"口传心授"中，这些珍贵的世代符号与文化遗产在音乐的语言传播下得以保存并流传至今。可以说传统节日是集中展示大众音乐艺术水平与才能的最佳时机，两者关系密切，互为传承。由此，基于民族立场的、现代的眼光重新审视我们的传统佳节，是音乐教育者亦或是我们任一普通民众需要思考的重要课题。许多音乐家亦开始了将传统节日与音乐结合的创作。

（二）人本思想古今一揆

以儒学思想为主导的中国传统文化，主张对现实社会的重视和对道德的教化。节日文化浓缩了千年的华夏文明，包含丰富的礼仪形式。这些节日在生生不息的循环往替中寄托着广大民众对自然的亲近、对生活的期望、对先人的缅怀和对情绪的宣泄等，其饱含的伦理道德、人文情感，体现了"以人为本"的思想，是传承中华民族精神的重要载体。

"以人为本"是现代教育的思维原点及价值理想，是人发展进步的根本。作为艺术教育的重要组成，音乐教育的宗旨就是健全高尚人格、提升民众素质水平。

1.以人为本，突出人文关怀

随着时代的发展，传统节日文化作为一种标志性的民族文化活动体系，经历了历史的淘汰和演革，留存下来的积极向上、自信乐观的民族性格，直接或间接地体现着人文关怀。如"清明时节"，就是被赋予了人文意义的时间仪式。踏青春游、扫墓奠先、戴柳、放鸢、游艺竞技等民俗活动中蕴涵着敬畏生命、追求健康的人本精神，体现着尊老爱幼、孝先敬祖的传统美德等；而五月端阳的"端午节"中，人们采药吃粽、龙舟竞渡、射柳游戏等活动，就是以驱邪辟瘟为原始核心的节日诉求，呈现了民众勤劳勇敢、刚健向上的自强追求以及宣扬正义、忧国忧民的爱国情怀。

人文关怀与道德情感的体验是一种强大的精神动力，推动着人性的不断提升，人们在感受世界的过程中体验着生命的价值。音乐作为一种情感的艺术，可以净化心灵、抚慰伤痛。因此，民间乐曲《苏武牧羊》抒发的是爱国主义精神；琵琶乐曲《阳春白雪》、古筝乐曲《高山流水》展现的是高风清雅、寻觅知音的浪漫主义情怀。不同主题的音乐作品可以引领人们体验情感、表达心志。在音乐教育过程中，师生对音乐的感知、体验以及听众与作者无声的情感交流等又体现着合作实践、传承创新的社会精神。因此说音乐教育是一种情感的教育，体现着人文关怀与道德情感。

2. 以人为本，注重人性发展

中国是礼仪之邦，传统节日文化中的仪式系统，表达着中国人对万事万物的感知与价值认同。人们在节日中，或结伴出游、探亲访友，或祈福团拜、互赠佳礼，显现着中华民族的伦理亲情，有利于社会的和谐进步。节日期间，人们放慢生活的节奏，调剂身心，畅想未来，可以提升人民的道德情操。同时，节日文化中有关饮食、娱乐等外在形式的祭奠，在不同的民族、地域中因为民风、民俗的不同呈现出不同的个性风貌。例如：汉族新年，是在每年的农历正月初一，人们贴春联、包饺子、贺岁拜年；而彝族人的彝历新年却是每年的农历六月二十四日，亦称火把节，人们舞火唱种、集会跳"阿细跳月"。

音乐教育注重对人性的尊重，它要求教育要面向每一个学生并强调个性的发展。在面对同一首音乐作品，由于学生自身不同的音乐素养及生活阅历、认知情绪等，不同的人会拥有不同的心理投射和情感体验，甚至是天马行空的音乐联想与想象。正因如此，作品的创新与个性化发展才有了发展的基础。

（三）审美意蕴异曲同工

中国传统节日文化与音乐教育中都蕴含着对受众的美育影响。儒家"天人合一"的哲学体系，构建了中华传统文化的主体，中国传统节日作为中华传统文化的重要组成，集中展示了我们与先天本性相合、回归大道的民族信仰和崇美尚和的价值观念与美学内涵。作为我国近代史上美育理念的倡导者，教育家蔡元培先生所推崇的"尚自然，展个性"的儿童教育主张与自然主义教育观中遵循儿童发展规律的思想不谋而合。

1. 自然的统一

中国传统节日蕴含着古人对上天的崇拜和对自然的敬畏，许多节日中的祭祀、敬神仪式都真实地体现了这种态度。古人在农耕生产基础上，以节气的自然规律性变化为依托，生成"岁时节日"，经历着"春生、夏长、秋收、冬藏"的循环往复，生生不息，和谐流动。充分体现了人们顺应自然时序，感悟天、地、人合的生命精神与贵和尚美、团结和睦的心理追求。可以说，传统节日是在时间维度上的定期显现；人们以节日为生活的"标点"，在不同的时间节点，用多形式的文化体系，传承人与自然的"和谐统一"，是对中国"和"文化的弘扬与传承。

音乐源于自然，在我国古代重要的音乐美学论著《乐记》中就有"乐者，音之所由生也，其本在人心之感于物也"的观点，即音乐是增加了自我情绪因素的自然感知。还有"大乐与天地同和，大礼与天地同节"的陈述，阐明了音乐与自然万物的和谐统一，音乐作品的"起、承、转、合"也与自然动态的变量概念相吻合。在实施音乐教育的过程中应遵循儿童的自然天性和身心发展的一般规律，从微观到宏观，循序渐进地通过音乐对学生进行美育。

2. 生命的和谐

传统节日在体现人与自然和谐统一的同时，丰富多彩的节日娱乐活动也彰显着人与人、人与社会的生命和谐。除夕守岁，阖家团圆。亲朋邻里之间贺岁拜年，互道安康，消除了人们生活中的隔阂，增进了团结。中秋节，家人团圆赏月、吃月饼，体现了中华民族家国和谐的永恒憧憬与追求。

音乐教育实施的过程中，体现着师生和谐，生生和谐。如：二声部的合唱歌曲《老牛和小羊》，各声部同学演唱时需要互相倾听、通力合作，才能发挥各自的声部作用，达到声部之间声音的统一、歌声与伴奏的和谐、旋律与和声的平衡、学生与指挥的默契。只有这样才能展现给听众美的享受，演唱者自身才有愉悦的体验。

（四）育人目的殊致同归

中国传统节日文化与音乐教育的融合符合中国文化中"自然和谐"的宇宙观、社会观，两者都在不同层面实现了"美育"的育人目的。

中国传统节日文化蕴含的人文思想，浓缩着我们民俗的正确价值观和优秀品德性情，蕴含着"生命之美"的美育资源，对人有着正向的引导作用，如端午龙舟竞渡的习俗就是对"积极生活、强身健体、和谐友善"等正能量的有力传播，春节期间的"游园"、元宵节时的"赏灯"又直接影响着人民良好审美观念的建立。此外，过节期间，民众放松身心，从快节奏的生活中暂时抽离，调剂了人民的身心，有利于内心的平静，生活情趣的提升以及和谐氛围的营造。

作为美的象征，音乐蕴含着爱的本质。音乐作品中崇尚的"真、善、美"可以直接教化于受众，另其升华情操，培养正确审美。它可以唤起人们内心的审美情感，最终作用于人们的心灵。与此同时，音乐教育对人的智育与体育也值得关注，展现音乐的过程也是身体协调运作，提高记忆力、分析力的过程。"艺术教育不仅仅是培养人对自然界、社会生活、文艺作品的审美观点和欣赏能力的教育，还是培养健康人格，促进全面发展，从而使人能以美的方式感受世界、认识世界和改造世界的教育"。

综上所述，中国传统节日文化与音乐教育作为以人为行动主体的活动，具有人文性、实践性和世俗性的共同特性，两者拥有众多的契合，是一种紧密的指称关系。两者结合的实践探索符合杜威的"教育就是生活"的教育理论，可以丰富小学音乐教育的内容，反映了音乐教育与日常生活的联系。

二、中国传统节日文化引入小学音乐教育的实践探究

（一）实践目标与计划

在小学开展将中国传统节日引入小学教育的实践探索，即将中国传统节日作为小学音乐教学的一个重要主题，通过中国传统节日主题与音乐的相互结合来进行小学音乐教学，面向所有小学生实施中国传统节日文化教育。有意识地在音乐课堂中渗透中国传统节日文化精神，提高小学生对中国传统节日文化的主动认知并在一定程度上提升他们的民族认同感；在开发中国传统节日文化音乐读本的同时，承办国学教育背景下弘扬中国传统节日文化为主题的音乐精品课堂；通过开展各种中国传统节日主题社团活动，运用歌曲、舞蹈、唱诵、课本剧、合唱等音乐表现手段来达到实践教学的目的，最终实现通过音乐教学的方式来弘扬中国传统节日文化的教育目标。

（二）实施过程

1. 学校实践

（1）立足音乐课堂。充分挖掘现有音乐教材，将中国传统节日文化引入小学音乐课堂教学，合理利用现代教学手段正确运用有效的教学技巧、加强师生互评的传统节日文化学习评价机制，鼓励音乐教师对音乐课中成功渗透传统节日文化的教学实践进行及时反思，注意收集相关的教育叙事与教育案

例，并利用各种渠道进行分享（表 2-1）。

①春节。春节是中华民族重要的传统节日，它代表着旧历年的结束与新历年的开端，是一年中祝福与庆祝活动最隆重的传统节日，也是活动时间持续最长的传统节日。在此期间，全世界的中华儿女，除了汉族之外，大多数的少数民族也要举行各种丰富多彩并富有浓郁民族特色的民俗活动，其中以祭祀神佛、祭奠祖先、除旧步新、纳福迎春为主要内容，在新时代又被赋予了家庭团聚、休闲放松的新内容。春节期间的礼俗除了我们熟知的贴春联、包饺子之外，还有很多礼仪内容在精彩上演，如剪纸、点花烛、除夕守岁、燃放烟花爆竹、礼神祈福、贺岁拜年、担水进财、捶令如愿、过桥丢病、接送财神、人日祈寿等。

②清明节。清明节，又称踏青节，约始于周代，在我国是迄今已有 2500 多年悠久历史的传统节日，包含了丰富多彩的民俗礼仪。包括：扫墓祭奠、上已游春、曲水流觞、踏青郊游、插柳、放风筝、祭陵展墓、备青团、嬉戏强身、蚕花会、子推燕、清明狗、农事耕种等民俗活动。

③端午节。"端阳节、重午节、女儿节、解粽节"等近二十多种节日别名，都是"端午节"的名称。各地别称之多，足以说明端午节起源的庞杂与多样，具有强烈的地方特色。据北宋时期高承所著的《事物记源》记载，端午节最早始于春秋时期。当古老的中原文化与"楚文化"相互融合与碰撞后，即形成了人们普遍认同的以追念战国时期爱国诗人屈原为文化灵魂的传统节日。

端午节除了包粽、食粽之外，还有赛龙舟、挂艾蒿、系五彩丝绳、饮雄黄酒和吃蛋、立蛋的风俗活动，其中烟台及胶东等地在端午节还有挂桃枝、贴剪纸黄牛、给孩子戴"五毒兜"等富有地方特色的民俗活动。

④中秋节。每年的农历八月十五日，明月皎洁，月亮是一年中最圆、最亮的满月，体现了远古人民对天象的崇拜。中秋节拥有如嫦娥奔月、吴刚伐桂、玉兔捣药、玄宗漫游月宫等丰富的神话故事与传说，人们举行祭月、赏月、吃月饼、拜兔儿爷、偷瓜送子等民俗活动，寄托着人们崇尚自然的敬月之情以及思念亲人、期盼团圆的人文情怀。

除此之外，中秋节的风俗各异，带有浓厚的地方特色，如广州的"树中秋"、烧塔，江苏的"烧斗香"，安徽的"舞草龙"；山东庆云的"青苗社"等。特别值得介绍的是我国有二十多个少数民族也过中秋节，其表现形式与音乐艺术紧密结合，而且异常隆重，各具特色。壮族人民演唱优美的《请月姑》民歌，朝鲜族则跳《农家乐舞》，侗族会举行芦笙会；苗族男女则要进行

"跳月"；黎族人称中秋节为"调声节"，届时会举行大型的歌舞集会；台湾高山族的同胞则会在中秋之夜进行"托球舞"的玩耍游戏。

表 2-1 "山教版"小学音乐教材中与中国传统节日有关的音乐作品分析

教材使用年级	教学歌曲	相关内容
一年级迎新春	《龙咚锵》	《龙咚锵》是具有中国传统民俗风情的民族音乐作品，歌曲主要运用了节奏重复、旋律递进等手段将锣鼓的节奏和歌词音调结合在一起，表现了人们过年时敲锣打鼓的热闹气氛，体现了中国传统节日春节中"欢庆祈福"的礼俗意义
二年级歌曲	《打秋千》	《打秋千》是仡佬族民歌，歌曲旋律欢快、活泼，节奏疏密相间。描绘了人们在清明时节打秋千的姿态。歌曲蕴含着中国传统节日清明节中"嬉戏强身"的民族意义
三年级我们的节日	《金蛇狂舞》	民乐合奏《金蛇狂舞》是聂耳根据民间乐曲《倒八板》整理改编的一首民族管弦乐曲。乐曲旋律昂扬，热情洋溢，锣鼓铿锵有力，渲染了节日的欢腾气氛。歌曲中蕴含着中国传统节日端午节中"龙舟竞渡"的礼俗意义

中国传统节日文化引入小学音乐课堂的教学方法可以有合作学习法、活动教学法等。

①合作学习法。《小学音乐课程标准》鼓励学生通过体验、实践、参与、合作学习的方式参与音乐学习。"合作学习法"是在提倡"生本课堂"的今天最常见、最常用的课堂教学方法，高效、有序。教师可以创设节日文化情景，运用多彩的视频、角色的扮演等方式引领学生体验音乐的魅力，丰富传统节日文化常识。例如：在教授与中国传统节日春节有关的音乐作品时，学生可以通过小组合作完成春节各种习俗的活动模型的构建（例如包饺子、舞龙、舞狮等）；清明节时我们还可以引导学生利用小组合作完成"介子推割骨奉君"的故事表演，甚至高年级的同学可以将之改编成小小音乐剧，合作表演出来。

②活动教学法。在小学音乐课堂中，开展律动、游戏等以中国传统节日文化为主题的多样性课堂活动，可以让学生潜移默化地感受中国传统节日文化精髓，实践音乐技能。

对蕴含传统节日主题及思想内涵的音乐，要让学生在主动聆听中充分调动自我的身心，感受音乐的节奏变化、旋律起伏和情绪更迭之规律。可以主动运用达尔克罗兹体态律动、奥尔夫声势教学等手段，使学生从身心入手学习和感受音乐主题。

例如：在民乐合奏《新春乐》一课中，我们可以通过播放音乐、引领学生用动作表现乐曲的速度、强弱或者运用拍手、捻指等声势感受乐曲的强弱。在歌曲《龙咚锵》中，我们可以运动声势教学，指导学生用踩脚、拍手感受"龙咚龙咚锵"，让学生在亲身体验中感受新春佳节快乐喜庆的节日气氛。

音乐游戏是鼓励学生主动参与音乐实践，培养乐感，发展想象力和创造力的最有效途径，特别是面对小学低年级开展的唱游教学，学做音乐游戏、跳集体舞等，进行音乐体验，能够完善学生的音乐技能，提高音乐欣赏水平。

例如：在民乐合奏《金蛇狂舞》中，可以引导学生开展 A、B、C 不同主题乐段的听辨游戏；对于乐曲 C 段的"一领众和"，可以采用师生接唱的游戏等。

（2）开发校本课程。《义务教育音乐课程标准（2011 版）解读》中提出了音乐课堂的"适应性原则"，这就要求我们对教材中音乐作品所蕴含的中国传统节日文化内容要灵活处理变通理解；与此同时，我们还应遵循"融合性原则"，注意处理好文化与音乐之间的联系。为了实现将中国传统节日文化引入小学音乐教育，我们可以应文化教育的需要，对教材内容进行调整和适当的拓展，使两者得到更好的互溶与促进。为此，选编或创编一套适合学生不同年级认知层次及音乐领悟能力的中国传统节日文化音乐读本十分必要。它可以为师生提供更丰富的传统节日音乐作品，学生会有更多的"音乐课堂"实践，用音乐来讨论"中国传统节日文化"。

读本的编写要尊重音乐学科的特点并根据学生不同年龄的认知能力，充分挖掘现行音乐教材中的节日教育渗透元素，分层次构建螺旋式提升的教材体例，使读本成为现有音乐教材的有力补充（表 2-2）。

①目标明确的原则。中国传统节日音乐读本的开发不是对音乐课程标准的强化，而是在其基础上进行的有力补充与完善。在进行读本的开发之前，我们要深刻透彻地理解课程标准，准确清晰地把握编写目标。即丰富学校音乐文化生活，营造学习中国传统节日文化的良好氛围。要提高学生学习中国传统节日文化的兴趣，培养学生"音乐来自生活"的意识。最后，要传播中国民族音乐，弘扬中国传统节日文化。

②内容贴切的原则。音乐读本的内容是对课程目标的具体化，是对音乐

教学资源的充分估评与音乐材料的精确选用和组织。相关中国传统节日文化主题音乐的挑选要做到慎重、精致，必须符合学校的实际，控制在教师的能力范围内并符合学生的实际需要。遵循小学生认知规律及音乐思维发展规律。

③途径创新的原则。有效的途径是音乐课堂教学中，生动展现中国传统节日文化内容，达成教育目标的操作过程。巧妙设计各种辅助模块，注重学生对这些音乐的主体实践，能够让中国传统节日文化在学生中入脑、入心、入行。

表2-2　编写目录

一年级	二年级	三年级	四年级	五年级
"知"节篇 春节 清明节 端午节 中秋节	"探"节篇 春节 清明节 端午节 中秋节	"践"节篇 春节 清明节 端午节 中秋节	"创"节篇 春节 清明节 端午节 中秋节	"传"节篇 春节 清明节 端午节 中秋节

例如：

中国传统节日歌

小孩小孩你别馋，过了腊八，就是年。

贴窗花，点鞭炮，回家过年齐欢笑。

摇啊摇，看花灯，我们一起闹元宵。

清明节，雨纷纷，大地开始冒春苗。

赛龙舟，过端午，粽子艾香满堂飘。

盼啊盼，过七夕，牛郎织女会鹊桥。

中秋节，杏儿肥，十五月圆当空照。

重阳节，要敬老，转眼又是新春到。

年年岁岁，岁岁年年，福星高照。

读本是对现有音乐教材的有力补充。它以年级为划分，共五册，每册读本均以"四大中国传统节日"为主题，分设四个单元，每个单元又根据传统节日文化的内容，分设了不同的课时。读本中的每一课时，都根据相应年级学生的认知规律，选编了丰富的以"中国四大传统节日"为主题内容的音乐作品。创新了许多生动有趣的音乐实践活动，着重加大了学生在课堂、课间、家庭中的节日音乐互动环节。其中一年级主要实现用音乐手段"认识"中国传统节日文化，二年级用音乐手段主动"探究"中国传统节日文化，三年级用音乐途径努力"实践"中国传统节日文化，四年级尝试"创编"中国传统节日音乐作品，五年级利用所学用音乐"传播"中国传统节日文化。如此，面对同一节日主题，每一个学生就能经历不同程度的螺旋式提升的中国传统节日文化教育历程。

（3）营造文化氛围。努力营造中国传统节日文化音乐环境。开展主题活动，传承中国传统节日的文化精髓。

音乐教师应积极开展各种传统节日文化为主题的音乐社团活动，通过运用歌曲、舞蹈、唱诵、课本剧、合唱等音乐表现手段来达到实践弘扬传统文化教学的目的，创设多种展示音乐渗透传统节日教育成果的平台；在中秋、端午等传统节日到来之时都会举行相关主题的音乐展示活动，京剧社团、音乐剧社团、舞蹈社团等艺术社团则是积极排练与传统节日为主题的节目，充分表达了中国传统节日文化的内涵。

2. 家庭实践

（1）创建实践课程。紧抓时令节日，在德育实践课程的基础上，将中国传统节日文化引入小学音乐教育的家庭音乐实践校本课程体系，真正将音乐的学习与对节日文化的追求延伸到了家庭。即鼓励学生在时令节日里，用音乐的形式表现自己对节日的理解与情感，面向家庭、社区展示自我音乐风采，与他人分享快乐的同时也提高了学生自信的音乐表达，同时使孩子们获得了继续学习中国节日传统文化的自觉动力，最终实现通过音乐实践的方式来弘扬中国传统节日文化的目标。

（2）借力家长学校。家长对传统文化的态度能潜移默化影响孩子对其的态度，如果家长热爱传统节日文化，并在日常生活中对孩子灌输，那么孩子自然也爱好传统节日文化。现代小学中陆续开设了家长学校，定期聘请教育专家对学生家长进行不同主题的教育指导。节日文化中蕴含的礼仪、孝道等优秀文化内涵，可以作为课题向家长进行宣讲，以此引起家长对中国传统节日文化的认同，从而引领家长在家庭生活中注重节日文化的传承。特别是节日主题的音乐鉴赏课，能够为家长朋友带来身心的愉悦。此外，在一线、省会城市已有小学开设了家长沙龙，利用微信、美篇、QQ 等途径，交流展示节日里家庭的音乐记忆，增进了学校与家庭的互动，促进了家庭对节日文化和对音乐教育的重视。

3. 社会实践

（1）时令节日的家委会活动。在传统节日期间，校家委会可结合学生实际，组织学生走进福利院、敬老院，为那里带去精彩的中国传统节日主题的文艺节目。通过这些活动，孩子们在传播文化的同时，不仅进行了音乐的实践，自身也受到了良好的价值观教育。

（2）轻松假期的亲子音乐会。在当代我国的民乐创作曲目中，不乏《春节序曲》《屈原》《彩云追月》等寓意、音乐元素来源于民间艺术的佳作，它们是帮助小学生了解传统节日文化、传承中华文明的优秀媒介。在端午、春节等传统节日里，学校号召家长利用假日，放慢生活脚步，带领学生走进大剧院、文化馆等欣赏中国传统节日主题的音乐会，聆听天籁的"节日之声"。彼时，亲子互动，其乐融融，岂不快哉！

三、中国传统节日文化在小学课堂实践的反思

（一）音乐教师是实践的决定性力量

1. 需要音乐教师转变思想

作为教育的引领者，教师的思想认识、人生观、价值观都深深影响着学生的认知。充足的动力和创新精神能够将中国传统节日文化融入自己的音乐教学实践。便于帮助学生用多手段认知中国传统节日文化。

2. 需要不断提升教师的文化素养

这要求音乐教师要继续深挖教材，在教学中勇于反思和创新，打破固有教学模式，大胆引入"翻转课堂""音乐微课"等音乐教学新手段。同时，音乐教师普遍具有文化知识相对薄弱的"软肋"，加强自身充电，不断丰富自己的文化内涵，特别是对中国传统节日文化的了解，对持久地将中国传统节日文化引入小学音乐教育至关重要。

（二）音乐活动是实施的重要途径

1. 音乐活动是中国传统节日展示的平台

小学音乐教育是小学生德智体美教育的重要方面，也是提高学生审美能力的重要手段。传统文化是中国文化的重要组成，也是我们追根溯源、增强民族自信心和爱国心的源泉。悠久的民族历史、丰厚的民族文化会使我们的小学生悠然产生强烈的民族归属感和自豪感。传统节日文化与小学生日常生

活密切相关，他们的感触很深、很直接。通过音乐活动形式将传统节日文化由生活引入课堂，由学生直观感受升华到抽象学习、理论学习，有利于小学生更加深刻地理解传统节日文化，更加深刻地感悟自我。

2. 音乐活动是小学音乐教育的重要组成

小学音乐教育由音乐知识学习和音乐知识鉴赏组成，音乐学习和鉴赏内容可以是流行音乐，也可以是传统音乐。传统节日文化蕴含的音乐元素来源于生活，也贴近学生生活。小学生对许多传统节日文化中的音乐耳熟能详，十分喜爱。音乐课上，教师可选择传统音乐教会学生演唱或者指导学生对其鉴赏以提升学生对传统音乐的认知能力，提高学生对音乐的审美能力，学习中还能够陶冶学生自身情操，也有利于学生个性化发展和创造能力培养。

3. 小学音乐教育音乐活动的引入途径

小学音乐教育可以通过各种音乐活动形式、借助多种教学媒体引入传统节日文化音乐。如，小学音乐教育中，音乐教师可以组织传统节日文化音乐节，将传统节日文化中的音乐以丰富的形式展示出来：个人演唱、多媒体展示、集体演奏、集体表演、宣传画展览等，通过集中性展演，将传统节日文化中喜庆、热烈、欢乐的氛围营造出来、展现出来，使学生感受到、感染到；音乐教师还可以教会孩子们演唱典型传统节日歌曲，通过老师一句一字地教，学生直接地学习传统节日音乐的发音特点、歌曲特点及独有特色；音乐教师还可以选择某些传统节日音乐开展鉴赏教学，在老师的引导下，学生深刻地了解传统节日音乐的组成，乐句特点，懂得如何欣赏传统节日音乐，从而享受传统节日音乐带来的快乐。

（三）校本课程是实施的有效补充

1. 符合新课程改革的基本要求

始于 2004 年的新课程改革的目的之一是改变原来统一的课程结构，构建国家、省级和学校三级课程结构。基于传统节日文化的校本课程既符合国家课程改革要求，也有利于展现传统节日文化和地方特色文化。国家课程和国家教材体现了一般性知识和文化，而校本课程能够展现我国丰富的多元化文化。传统节日音乐校本课程构建可以满足小学音乐教育课程改革要求，也可令学生更加深入理解传统节日文化音乐，满足学生对音乐的个性化需求，并能激发他们尊重传统文化、热爱传统文化的情感。

2.学校课程改革的重要措施

新课改要求从课程结构、教学模式、师生关系等方面做出根本性变化。从本质上讲，新课程改革更加关注学生在教学中的主体地位和成长性，更加重视孩子的个性化发展和创造性能力培养。加德纳多元智能理论认为，每个人的智能都由语言能力、逻辑能力、数学能力等9种基本能力组成，不同的人这些智能成分比重不同，这就致使有的学生语言能力强些，有的则弱些；有的学生的逻辑能力强些，有的弱些。小学音乐课教学中，教师必须尊重科学规律，遵从孩子的生理特点和成长规律。

3.激发学生学习音乐的兴趣

兴趣是学生对某一事物态度的心理状态，具体来说由认知、参与和情感三部分组成。孔子也曾经对兴趣做出阐述："知之者不如好之者，好之者不如乐之者。"因此，在教学中提高学生的学习兴趣，对于教学过程、教学收益和教学效果都十分重要。据教育心理学研究：兴趣包括内部兴趣和外部兴趣，外部兴趣容易由一些教学措施而实现，内部兴趣则会随外部兴趣影响逐步提高。传统节日音乐校本课程构建将学生日常熟悉的音乐经历及自身参与以课程形式系统呈现出来，教师运用语言鼓励、外部奖赏、组织活动等措施可以提高学生主动学习中国传统节日文化的兴趣。

（四）家校互动是实施的合理构建

1.家长委员会助力学校传统节日文化教育

荀子认为："蓬生麻中，不扶自直；白沙在涅，与之俱黑。"他讲的就是环境对于人的成长的重要性。因此，在传统文化教育中，学校要重视与家长的沟通与协作。学校可以通过开设家长学校，组成家长委员会等方式助力学校传统文化教育。

首先，学校组织建立家长学校及家长委员会。

其次，学校定时组织家长沟通传统节日文化教育状况、存在的问题，并布置后续教育工作。

最后，学校通过网络平台、手机平台等及时与家长沟通传统节日文化有关信息、资料，并组织家委会共同参与传统节日文化活动。

2.父母引导，主动参与节日文化活动

传统节日文化对于小学生价值观形成及情绪心理调整都有帮助，家长和家庭对于传统节日文化的态度直接影响着孩子。首先，家长对于传统节日文

化树立正确观念，并在家庭教育中传递给孩子正面理念。其次，家长要积极参与各项传统节日活动，了解关于节日的民俗、歌曲及轶事等。第三，家长要引导孩子参与各项节日活动。特别在这个网络技术十分发达、资讯异常丰富的时代，不少孩子沉迷于虚拟世界，致使人与人之间的情感交流缺失，人与人之间的关系冷漠。传统节日可以为家庭之间感情维系提供良好平台，也能够从中反思自己在民族和文化传承中的地位和作用。

3. 营造氛围，传承节日文化的新家风

家庭是社会的基本结构和功能单位，家庭教育是传统文化教育的重要组成，更是学校教育的延伸。家庭要营造浓厚氛围，促进传统节日文化教育。在节日时，家长可组织家庭参与节日有关的活动以营造节日气氛，如春节时贴春联、包饺子、吃糖果、放鞭炮等，这些活动开展可产生浓厚"年味"。其次，家长可以利用关于节日的奇闻轶事、故事传说营造氛围，激发孩子的情感，如，关于"年"的故事、晋文公小白为了纪念介之推而设立"寒食节"的故事、嫦娥奔月的故事、吴刚伐桂的故事等。第三，在传统节日组织一些活动，如户外旅行、家庭聚会、共同观看电视节目等，据说观看中央电视台的春节联欢晚会已经成为一项"新民俗"。

（五）有效评价是实践的有力保障

1. 坚持多元评价主体

教学评价具有对教学效果进行诊断及监督功能。一方面，通过教学评价，老师可了解学生对于所学知识的掌握情况，以调整教学内容、难度与进度。另一方面，教师通过教学评价督促学生更好地、更投入地参与教学过程。

首先，将形成性评价与终结性评价相结合。

音乐教师利用讨论、演唱、演奏、音乐创编等方式，在课堂过程中对学生的传统节日文化主题学习实践进行评价。同时，结合期中期末的阶段性总结对学生的学习进行全面评价。

其次，要将自评、他评与互评相结合。

实施综合性评价，需要将学生的自评、他评以及互评三种评价方式有机结合。其中自评环节要注重学生的年龄差异与素质水平，互评环节要注意评价标准的统一，以便于学生操作。提倡运用"小组展示""班级音乐会""小小擂台赛"等活泼生动的评价方式。如：元旦迎新时，各班级开展的"庆新年音乐会"，让学生以教室为舞台，独立完成节目的排练、主持、舞美等工作，既能检验平时音乐课所学，又能锻炼学生综合性的能力。

2. 创新教学评价机制

学校要创新教学评价机制以促进传统节日文化引入小学音乐教育。教学评价机制包括两个层面：第一，对于传统节日文化引入小学音乐教育的课程建设、校本教材编撰、教学模式设计、教学策略与方法选择等评价，以促进教学改革工作扎实推进，提升课堂教学效率和效果。评价的原则包括：开放性、多元性、科学性原则、信息化等。评价的方式包括：学校设计的评价量表、学校开展创新评比活动、学校组织教学展示活动等。第二，对学生在小学音乐课上传统节日文化学习状态和效果进行评价，以促进学生更主动积极地参与到传统节日文化学习。评价方式包括：考试、考查与展示。评价结果作为年度评优评先依据，并且以档案袋、电子档案袋等形式予以保存。

第三节　传统文化与高校音乐教育的结合

中国优秀传统文化是中华民族的精神内核，是千锤百炼、凝结而成的文化底蕴。高校作为人才培养的摇篮，肩负着"立德树人"的育人作用，承担着传承发展中华传统文化中的历史使命。

一、中国传统民族音乐文化在高校人才培养中的重要意义

蔡元培是我国倡导、践行近代美育和高校美育的第一人，他积极践行包括美育在内的德智体美劳五育并举方针，促进艺术教育及审美教育与各学科融合，并提出"敦重乐教，提倡美育"的宗旨，为国乐的改进发展提供了实践平台，使音乐教育成为实施美育的重要路径。

随着时代的发展和现代化进程的推进，在以开放的态度去接受世界各民族音乐文化的同时，更应该建立以传统文化为内核的音乐教育理论。《关于实施中华优秀传统文化传承发展工程的意见》指出，要将中华优秀传统文化贯穿国民教育始终。音乐教育作为美育的载体之一，要围绕立德树人根本任务，遵循学生认知规律和教育教学规律，把中华优秀传统文化全方位融入思想道德教育、文化知识教育、艺术体育教育、社会实践教育各环节，在高校的教

育实践过程中，积极挖掘中华优秀传统艺术文化的价值内涵，通过传统民族音乐文化进行传播与交流。

二、高校音乐教育与中华民族优秀传统文化结合的基本原则

高校音乐教育与中华民族优秀传统文化结合作为一种音乐与文化的结合活动，必须要遵循一定的原则来进行。根据对现代高校音乐教育基础理论，以及近两年我国对中华民族优秀传统文化的传承现状，二者结合的基本原则有以下三点。

（一）音乐本位原则

所谓音乐本位原则，是指高校音乐教育与中华民族优秀传统文化结合过程中，音乐教师要始终将音乐教育放在核心地位，而将中华民族优秀传统文化放在辅助地位。在具体实践中，音乐教师需要明确高校音乐教育的目标。包括音乐专业与非音乐专业的大学生，只要他们接受了音乐教育，高校就会以培养高素质音乐人才为目的对他们进行培养。当然，培养内容不仅是各种音乐理论知识与音乐技能，还包括音乐文化，而中华民族优秀传统文化也是其中的一个重要内容。但是，高校开展音乐教育的目的是培养音乐人才，音乐教师不能本末倒置，把中华民族传统文化教育提到首位，这样培养出的学生只是中华民族传统文化的传承者，而非音乐人才。

（二）协同发展原则

近年来，各种音乐选秀节目层出不穷，一时间，高校音乐教育被赋予了很多名利性，很多学生学习音乐，并不是真心喜欢音乐，而是想通过两三年的音乐学习让自己在各类音乐选秀中实现"明星梦"。针对此情况，我国很多高校开始着手加强对大学生的思想教育，而作为强调"真""善""美"的中华民族优秀传统文化逐渐被广大高校所重视。为此，很多高校开始将音乐教育与中华民族优秀传统文化结合起来，以实现二者的协同发展。

（三）文化指引原则

进入新时期以来，我国经济发展速度突飞猛进，综合国力不断提升。纵观我国当前的社会发展以及国际地位，已经受到了全球各国的瞩目。经济发

展是显而易见的，但是我们也应当看到，伴随着国内外交流的日益频繁，我国的各类文化在发展过程也暴露出许多问题。就中华民族优秀传统文化而言，多年来尚未引起国人的广泛关注。但值得庆幸的是，随着社会主义核心价值观的提出与贯彻，中华民族优秀传统文化逐渐被越来越多的国人认知与践行。为此，我们可以说中华民族优秀传统文化是当前我国社会经济发展的"指南针"，与社会生活、基本道德、学校教育结合是我国特色社会主义文化建设发展的必然要求。就高校音乐教育与中华民族优秀传统文化结合来讲，音乐教师也要坚持文化指引原则，即坚持以中华民族优秀传统文化来指引高校音乐教育。值得注意的是，这里仅仅是"指引"，而不是"指导"或"主导"。

三、音乐教育实践传承中国优秀传统文化的实施路径研究

（一）"文化育人"，将中国优秀传统文化融合于课堂的内涵式建设

中国传统文化蕴含着一个民族的思维方式及价值观念，而传统音乐文化是中国传统文化的有机组成部分，只有建立起音乐是文化有机组成的观念，才能认知音乐在传统文化中的作用，也就是把握中国传统文化自身。为深入贯彻落实党的十九大精神，针对非专业类高校学生艺术培养的综合性和特殊性，音乐课程应加强中华优秀传统文化教育，深化教育教学改革，提升课程教学质量，探索普通高校音乐与优秀传统文化融合的音乐教育教学模式势在必行。

在音乐教育的过程中，要始终以培养"全面发展的人"为核心，充分反映新时期经济社会发展对人才培养的新要求，高度重视中华优秀传统文化的传承与发展，系统落实社会主义核心价值观。紧密遵守素养可教可学、对个体和社会都有积极意义、面向未来且注重本国文化三个原则。在建设课程或体系时，内容及标准要基于学生终身发展和适应未来社会的基本素养建立，将重心从"教学内容"向"学生学习结果"转移。培养目标从人文底蕴核心素养的审美情趣出发，使学生能理解和尊重中华民族的优秀文明成果，尊重文化艺术的多样性，具备文化自信；其次，教学内容能够在中华文化母语体系下，借助不同艺术门类及多学科、多种能力的共同作用，培养学生发现美、感知美、欣赏美、评价美的意识和基本能力，培养全面发展的人。

（二）"从做中学"，将中国优秀传统文化融合于音乐实践教育教学

音乐教育对人的感情世界的影响是潜移默化的。音乐通过乐音、节奏、

和声等渗入人的灵魂，以情感人，以情动人，它以审美对象特有的美的情绪、情感为纽带，使丰富的思想、伦理、智慧等内涵，与美的形态一起深深地潜入人的心灵，深入持久地发挥积极作用，从而达到教育、净化、精神享受的目的。音乐教育正是要激发美感意识中情感因素的作用，对人的身心发展的作用是全面而又深刻的。

教育的核心目的之一就是培养人的主体能动性，即培养人的自主性、能动性与创造性。而音乐教育作为审美教育的一个部分，更是不可或缺的一个环节。通过音乐外化的形式，渗透音乐审美教育，推动学生自我审美意识和观念的发展，实现审美的广义价值。以笔者学校为例，在艺术实践活动中，以大学生艺术团为抓手，排演形式新颖、内容丰富的高水平节目，充分展示了传统文化的深厚底蕴和地域特色的精神风貌；在国际交流中，艺术团化身中国传统文化使者，用音乐架起友谊的桥梁，弘扬传统文化精神。

（三）"以美育人"，打造校园文化氛围建设

校园文化是人类社会大文化作用于学校，由学校自身进行内化的结果，它以社会主导文化为基础，又以本校的价值观为核心。所以，美育教育不仅仅在于对艺术内在的审美，更是培养学生对自然、对社会等更大范畴的教育。在校园文化建设中，应结合社会主义核心价值观，结合学校人才培养发展，结合艺术教育的优势，打造校园人文艺术素质教育品牌，在"立德树人""文化育人""以美育人"的理念指导下，为人才培养注入人文艺术审美教育的新维度，从广度与深度上拓展审美教育的实践空间。

已有高校，通过讲座、艺术沙龙、大师工作坊及高水平教育实践交流活动，开展以人文艺术、传统文化为主线的人文艺术活动，邀请全国名家及演出团体与师生对话交流；依托大学生艺术团，在校园中组织草坪音乐会、快闪、歌唱比赛等活动，结合学生喜闻乐见的形式开展音乐类活动，形成品牌效应，活跃校园氛围，丰富校园文化；在弘扬传统文化的同时积极拓宽国际化路线，理性接受外国音乐文化，形成开阔的视野与格局，达成学生全面发展的育人目标。

我们面对的学生是成长于网络的一代，他们的学习习惯和模式与上一代有着很大的区别。传统文化要借助利用好新媒体平台，打破空间与时间限制，抢占高地。而且音乐艺术作为感性的艺术，具有可视性和可听性，借助新媒体的传播性和表达技术更能满足学生的需求，全方位铺开，拉近距离，架起新的沟通方式，无形中掌握话语主导权，充分凝练传统音乐文化中的精髓，

重构符合社会主义的价值观，打造新媒体语境下人文素养品牌，发挥媒体的文化育人作用，讲好中国传统文化故事。

中国传统文化有着巨大的思想包容性，可以跨越地域、阶层、时间的界限，产生巨大而又无形的文化整合力量。音乐教育作为实践传统文化的重要手段之一，我们面对的学生作为实现"两个百年"的中坚力量，要从课程、实践和校园文化建设中，不断加强对传统文化的挖掘与传承，才能让中国传统文化扎根在每一个学生的心里，将来为建设社会主义和谐社会做出应有的贡献。

四、中国传统民族音乐文化在高校发展的现状

（一）高校音乐教育对中华民族优秀传统文化缺乏系统的阐述

纵观我国当前的高校音乐教育，其无论是高校领导还是音乐教师都通常将工作重心放在"如何教好音乐"这个音乐教育方法上，而对于音乐教育内容则没有投入太多的时间与精力，这就给高校音乐教育渗透中华优秀传统文化造成了一定的障碍。近年来，虽然国家不断提出继承与发展中华民族优秀文化，并对高校专业教育，尤其是艺术类专业教育提出了号召。但是，在实际教学实践中，依然有很多音乐教师为了求快、求毕业生数量与就业率，偏重各类音乐技能的教学，而对中华民族优秀传统文化缺乏系统的阐述。就目前来看，我国绝大多数高校（除音乐院校外）还没有一套较为完整的以中华民族传统优秀文化为载体的音乐教学体系。

（二）高校音乐教育与中华优秀传统文化相结合缺乏有经验的音乐教师

音乐教师是高校音乐教育的主导者。对于高校音乐教育与中华民族优秀传统文化结合问题，音乐教师的教学能力（更确切地说是结合能力）的高低，直接关系到二者结合的最终效果。就目前来讲，我国很多高校的音乐教师在音乐教育与中华民族优秀传统文化结合问题上有很大的不足，其具体表现在两方面：第一，音乐教师受过中华民族优秀传统文化培训的不是很多，单纯地受过中华民族优秀传统文化培训的音乐教师知识结构又单一，而且部分音乐教师在教学中表现出对中华民族优秀传统文化理解有误，总结能力与融合能力不强；第二，部分高校音乐教师的年龄较小，并且很多都只是本科学历。他们有限的学习生涯中对中华民族优秀传统文化知识并未做到全面认知与理

解。这就导致他们在音乐教育实践中面对中华民族优秀传统文化结合问题时，表现出知识面窄、知识结构单一，难以达到二者完美结合的要求。

（三）高校音乐教育与中华民族优秀传统文化结合的方法与形式不当

高校音乐教育与中华民族优秀传统文化教育结合是一个非常复杂的过程，有些音乐教师为了应付校领导检查，将二者的结合看作是"走形式"。在具体实践中，有些音乐教师不注意方法，忽视二者的结合点，将中华民族优秀传统文化生搬硬套进音乐教育中；还有些音乐教师发现教材中出现中华民族优秀文化知识，采取"一言以蔽之"。目前，我国高校音乐教育与中华民族优秀传统文化结合在方法和手段上，只能满足一般的课堂讲授，结合方法单一、生硬、陈旧，教学手段也比较机械，没有新意。

五、高校音乐教育与中华民族优秀传统文化结合的关键点分析

（一）高校音乐教育的育人功能与中华民族优秀传统文化的育人功能不谋而合

大学生是我国未来社会经济发展的中坚力量。高等教育不仅要培养具有扎实理论知识与熟练专业技能的人才，还要培养具有高尚品德修养的人才。多年来，我国高等教育一直非常重视对大学生的素质教育，高校音乐教育能够极大提高大学生对于音乐艺术的审美能力，并以音乐为跳板增强大学生对人生、对梦想、对社会的热爱，实现美育的目的。

而中华民族优秀传统文化最具代表性的诗、词、曲、赋、民族音乐、民族戏剧以及孝文化、家文化等，都对大学生的人生观、价值观与世界观产生了巨大的影响，它同样具有美育的功能。不同的是，中华民族优秀传统文化的美育功能比高等音乐教育的美育功能更全面，更接地气，更有民族性与人文性。为此，从育人这个角度上来说，高校音乐教育与中华民族优秀传统文化结合是必然的，而"育人"就是二者结合的第一个关键点。

（二）高校音乐教育的传承功能与中华民族优秀传统文化的传承功能如出一辙

高校音乐教育所涉及的内容非常广泛。单从教材角度来说，它包括国内

外音乐的发展历史、国内外音乐名人、国内外音乐代表性作品等；从教师角度来说，它包括音乐教育理念、音乐教育方法、音乐教育策略与音乐教育评价等。但是，无论内容何其广泛，其都是对前人的经验总结，这些都可以归属于"音乐文化"这个大概念之中。因此，我们可以说，高校音乐教育是音乐文化的传承。再谈中华民族优秀传统文化，其传承性更为明显。我们当前所学的传统武术（如24太极拳）、文学典籍（如四大名著）以及各种文化景观（如北京的故宫）等，都是中华民族传统体育、文学与建筑的传承。因此，从传承性上，高等音乐教育与中华民族传统文化是如出一辙的，都是为将好的文化传承下去，以造福后人。因此，"传承"是二者结合的第二个关键点。

六、高校音乐教育与中华民族优秀传统文化结合的注意事项

高校音乐教育与中华民族优秀传统文化结合不同于与舞蹈、美术、历史等结合，它结合的对象是中华民族在长达五千多年的发展进程中浓缩的各种精华，而这些精华又包含着非常多的内容，且每项内容都具有很深的内涵。因此，高校音乐教育与中华民族优秀传统文化结合的总体目标应建立在对音乐人才知识和文化素质要求的基础上，即造就一大批现代科学社会所需要的高素质综合型音乐人才。在确立目标时，高校领导与音乐教师要注意以下三个问题。

（一）设计实现结合目标的措施

就目前来讲，我国高校音乐教育在教育理念、教育方法方面与西方发达国家相比还存在很大的差距。而对于中华民族优秀传统文化，尚有大部分高校未引起高度重视。因此，高校必须首先设计二者结合的措施。例如，将中华民族优秀传统文化知识纳入高校音乐教材；在音乐教育整体规划中，安排专项课时，专门用以向学生讲授中华民族优秀传统文化；将中华民族优秀传统文化知识纳入音乐考核内容；鼓励音乐教师与学生对"高校音乐教育与中华民族优秀传统文化结合"问题展开研究，并设奖励。

（二）要有"传统文化型"的音乐教师

高校应对音乐教师提出具有传统文化教学能力的要求。例如，音乐教师要做到音乐教育与中国音乐发展史、中国历史文学经典与中国民俗等的结合；

要做到音乐教育能够弘扬中华民族优秀传统文化所弘扬的"真""善""美""天人合一""和谐包容"等。

（三）融入现代化的教学手段

高校音乐教育要"面向现代化、面向世界、面向未来"，必然要有民族性，因为"民族的才是世界的"。而中华民族优秀传统文化具有非常浓厚的民族性。当前，科技的发展已经将我们带入了一个全新的时代。在这个时代，无论是高校教育还是中华民族优秀文化传承都需要变革，二者的结合同样也需要变革，而变革的关键就是利用现代化的教学手段。在具体实践中，高校应当建立一系列的现代化音乐教育硬件，通过智能音乐教室、音乐制作实验室、音乐教育远程认证课教室、数码钢琴教室、数字录音棚以及各种智能设备将音乐教育与中华民族优秀传统文化更加直观、更加形象、更加多样化地呈现出来，打破封闭的、死板的、教条的结合方法。

第四节　传统文化在学校音乐教育中的实践与传承——以古诗词歌曲为例

一、古代诗词歌曲的产生及其历史上的传播渠道、范围、方式概况

（一）古代诗词歌曲的产生

古代诗词歌曲产生的年代历史久远，中国古典诗词的源头可上溯到上古时期的民歌及祭祀颂词，而成书于春秋时期的诗歌总集《诗经》首次将音乐的节律成熟地展现到了文字之中。从音乐与诗歌的发展历史上看，先秦到两汉之间，大部分诗歌是和着音乐诵唱，且很多时候还伴以舞蹈的。因此，《墨子》中曾有"颂诗三百，弦诗三百，歌诗三百，舞诗三百"一说，这也是对中国古代"诗舞乐"一体的形式最好的描述。

这种诗、乐、舞一体的艺术形式一直延续到后来的唐、宋（直至今日，还有活体存在）。自唐宋以来，词学日渐兴盛，据词而度曲、依曲而填词的创作现象也日趋普遍，曲与词的关系甚为紧密，在一定层面上有较大影响的诗

词歌曲形式这个时期已渐渐明朗化了。而奠定经典古代诗词歌曲地位的则是南宋著名词人姜夔的《白石道人歌曲》（共六卷，除此之外还有别集一卷）。该作品由两大部分组成，一是姜夔的长短句词作，二是用三种不同系统的乐谱记录而创作的歌曲。在这一时期，也是诸多中国传统诗词歌曲作品集大成的辉煌时期。

（二）古代诗词歌曲的传播渠道、范围与传播方式

在传播学视阈下古代诗词歌曲的传播，可从传播渠道、传播范围以及传播方式三个维度着眼。

从传播渠道及传播范围来看，唐、宋以来，古代文人诗词歌曲的传播基本呈现为宫廷、文人阶层内的横向传播及其自上而下地对民间产生的一定影响（当然，在产生"诗经""乐府诗"的时期，由下而上的采集也是常见的）。这样的传播渠道的形成及存在主要同古代诗词歌曲本身的诞生阶层以及受众门槛密切相关。不同于民族民间音乐，古代文人诗词歌曲具有较高的文学艺术造诣，且需相应的解读技巧，它们多出自宫廷士大夫及文学、音乐素养较高的文人之手，因此，受众面、普及范围也就比较狭窄，这也是延续至今的古代文人诗词歌曲少的原因之一。

从传播方式来看，古代诗词歌曲的传播方式同当时的媒介发展程度密不可分。除传统意义上的口传心授外，唯一可以作为传播载体的传播方式是平面传播，《诗经》时代的竹木简所记载的《诗经》到纸张发明以后的《白石道人歌曲》等，所记录的内容（文学作品本身），或者是带有音乐曲谱功能的歌曲集，均为后世人学习、参考的依据，并具有重要的史料研究价值。

（三）目前可见的古代诗词歌曲文本资料及其分类

当前古代诗词歌曲的文本资料由于年代久远比较有限，可见的具体资料分为纯文学史料、音乐史料以及理论史料三个亚类型。

古代诗词歌曲的文学史料有《诗经》、唐宋时期的诗词作品等。音乐史料是古代诗词歌曲现存材料的重要组成部分，这依赖于以乐谱为核心的记载音乐的符号系统的发明与相对完善。例如上文提及的《白石道人歌曲》，还有宋代的《风雅十二诗谱》、元代熊朋来的《瑟谱》和明清时代的《魏氏乐谱》《太古传宗》《九宫大成南北词宫》《纳书楹曲谱》等。此外，汉代的声曲折也记载了同音乐旋律、韵律相关的配合诗词歌赋进行表演的文本形式。

古代诗词歌曲的理论史料主要有宋代张炎的《词源》，该理论著作强调了作词所要涉及的一个重要环节——制曲问题。通过词韵来正音谱，是《词源》里关于词与乐谱之间关系的一个主导思想。元代曲家周德清的《中原音韵》也首次揭示了入派三声以及平声分别阴阳等北曲韵律所在，为后来北曲曲谱的填词奠定了基础，产生了深远的影响。

二、古诗词歌曲在小学歌唱教学中的作用

（一）古诗词歌曲对学生歌唱中咬字、发音的训练

1. "韵"对咬字的训练

在小学阶段学生的歌唱学习中，容易出现学生"表达不清""归韵不准"等现象，这些可能是由于学生没有掌握好歌词中的咬字引起的。引用古诗词歌曲，除了能让学生更深入理解、学习古诗词外，在歌唱教学的角度，古诗词歌曲对学生歌唱中的咬字和归韵也会有所帮助。

"韵"是中国汉字独特的一种形态，我们读先秦以来的诗和文，会发现"韵"在很多诗句中都存在，这与中国几千年来独特的文字密切相关。而什么是"押韵"？我们在读同一首诗或者同一首词中，在句末使用相同"韵"母的字，使之听起来和谐，整首诗或词给人以循环往复的回环之感，这种用韵的方式，叫作"韵律"，富有"韵律"的诗词，就有"押韵"。郭沫若先生说："就一般诗来说，韵的最大功用在把涣散的声音联络贯串起来，成为一个完整的曲调。"如唐代孟浩然《春晓》，其中"晓""鸟""少"的韵母相同，又如宋代王安石《梅花》中，其中"开""来"的韵母相同，用了同样的"韵"，如此带有韵律的古诗，读起来前呼后应，朗朗上口，便能加深记忆。

对于小学阶段的孩子来说，在歌唱时出现的"表达不清""归韵不准"问题，可能是由于儿童生理尚未发育完全或是自身的遗传因素。另外，儿童在后天的语言习惯中受到了一些方言或发音错误的影响，也会造成此现象。"归韵不准"有可能是由于学生在说话时对字头、字腹、字尾的咬字不准，包括有些学生的"n""l"不分，对韵母发音有误，或是咬字时嘴型的改变，也是会造成归韵问题。因此，在歌唱教学的过程中，古诗词歌曲中字词归韵的特点可让学生在咬字过程中得到一定的训练，教师在教学过程中，应该利用古诗词对学生咬字习惯进行辅导与改进，让学生养成良好的习惯。

2. 在"平仄"规则中感受文字发音

"平仄"是汉语言文学中对声调的形容。自隋唐时期开始，包括平、上、去、入四类，如现代汉语普通话里面的第一声和第二声就是"平声"；而第三声和第四声就是"仄声"。古人作诗，为了让语言更和谐，在创作时往往对平仄声调加以配合，这是一种有意识的文字安排，也就是俗称的"调平仄"。对诗文写作时平仄的要求大概是始于南朝齐代，汉语诗歌艺术获得了艺术性的进步，人们从此时开始注重诗文的音律美。

在古诗词歌曲的教学中，教师可以利用小学阶段的五言或七言的古诗，让学生训练文字的发音。在平仄的规律中，学生能更好掌握古诗词的内容，朗朗上口，不会对学生造成不必要的压力。古诗词中的"平仄"体现了汉语的腔调，学生在歌唱发音的过程中也会因此受益。

在音乐课堂上教导古诗词歌曲时，教师可留意韵母相同的汉字，利用韵母相同的汉字对学生咬字吐字进行训练，并利用诗词中的"平仄"使学生体会声律。目标是让其改善歌唱时的咬字问题，养成字正腔圆的习惯。但对于儿童，这是一个需要长时间努力的训练过程。另外，授课教师的发音也必须要标准清晰，小学时期的孩子具有较强的模仿能力，授课教师应该以身作则，才不会令学生形成不良的习惯。

教师在教学过程中，需要通过仔细观察学生，找出问题，并根据学生不同的情况给予解决的方法。对于有咬字、发音问题的学生，老师应该给予鼓励和帮助，切勿磨灭了学生对歌唱的热情和喜爱。

（二）古诗词歌曲对学生歌唱中节奏学习的作用

1. 古诗词歌曲中诗的"节奏"

在歌唱学习里，节奏是需要孩子重点掌握的知识点。"节奏"能为音乐带来丰富的感染力。而古诗词中汉语语音的节奏形态虽然有别于音乐的节奏，它是重音音节和非重音音节交替形成的一种音律，但是在表达习惯中，也是带有强弱关系的，这种"强拍和弱拍的组合规律"在儿童歌唱学习中也能相互借鉴。汉语语音原本就有极其丰富的节奏形式，在汉语诗歌中就能得到很好的体现。汉字符号中的音与义之间，节奏和韵律成了重要的要素。

郭沫若先生曾说过："本来宇宙的事物，没有一样是没有节奏的；譬如寒往则暑来，暑往则寒来，寒暑相推，四时代序，这便是时令上的节奏。"也就是说，万事万物皆有节奏，节奏是世间客观存在的一种物理现象。而在中国古诗词中也包含着其特有的语言节奏，平仄声调、抑扬顿挫，我们在诵读诗词时便需要把诗词中的"节奏感"表现出来。

2. 在歌唱教学中结合古诗词的语言节奏

古诗词歌曲引用到歌唱教学中，教师可利用诗词原有的声调节奏，对孩子进行节奏教学，增强孩子在歌唱时的节奏感、语气感。古诗词是根据古诗词语言中的"节奏"而吟诵的，而在音乐里的节奏，也是需要根据不同的节奏型去表达语言中的语气和情绪。

在歌唱学习的初级阶段时，教学可选择一些相对规整的乐曲，相对应的诗句使用相对应的节奏型，但也可根据不同情况做出细微的音乐处理。教师可根据诗句中对仗的字词进行教学，让学生更易于理解不同的节奏型。同一歌词举例不同的节奏，主要是让学生分辨两者分别形成的音乐听觉上的差别，发挥自己的想象力，言之有理即可，目的是培养孩子通过思考感受音乐。朱光潜先生认为："音乐家或者诗人的情绪直接地流露于声音节奏，听者依适应和模仿的原则接受这声音节奏。"虽然在本质上，诗词中的节奏和音乐中的节奏之间存在着差异，但是诗词文字本身具备音乐韵律性，在这种状态下，我们需要结合两者的共同特点，在古诗词歌曲的教学中找到相互借鉴、相互融合的契机。中国古代五言和七言的诗大多是按照对仗规律而写，教师在歌唱教学中，应结合不同的诗句中词语，配合旋律中相同的节奏，训练学生对节奏型的掌握。

（三）古诗词歌曲对学生情感导向的作用

1. 提高学生的文学审美能力

"审美教育"是在教学过程中对学生逐渐渗透或熏陶美育的思想，文学审美能力是体现学生文学素养的重要因素。好的文学审美能力可以让学生在阅读时更好地感受文字中的美感，达到陶冶自己性情的目的。诗词是众多文学体裁里面音乐性较强的，中国古诗词大多富有画面感，诗人用精妙的字词刻画出了一幅幅色彩鲜明的图画。古诗词歌曲相对于其他的歌曲题材，更富有中国古典文学色彩，我们可以从诗词的文字中感受到更多诗人的情感。

在歌唱教学中运用古诗词歌曲，可以让学生在演唱过程中，通过对诗词中字词的领悟提高学生对文学的审美能力。如杜牧的《江南春》中，从莺啼、酒旗、寺、楼台、烟雨这些意象中为我们展示了一幅江南大地鸟语花香、绿草红花的画面，水边村寨的城郭处处酒旗飘动，四百八十座古寺与无数的楼台笼罩在蒙蒙的烟雨云雾中。古诗词歌曲是"诗"与"乐"的完美结合，配上旋律的古诗词既可以让学生感受到音乐的美感，也能让学生从文字中提高文学审美能力。

2. 感受传统文化，培养美好品德

随着社会经济水平的飞速发展，当今儿童接收信息的渠道千变万化，儿童除了通过学校课堂上老师的教学，还能通过手机、电脑等网络媒体接受新的知识。逐渐地，一些网络语言对儿童的冲击造成了儿童语言思维的转变，加上外来文化的影响，儿童很少有机会能更好地接触中国元素，学习中国的传统文化。

从《诗经》开始，中国诗词便开始了源远流长的篇章，和当时的社会生活、政治制度密切相关。到西周时，中国建立了一套完整的礼乐制度，传承了中国古代儒家思想中"仁""礼"的两大理念。礼、乐、诗相结合是我国传统诗教的重要特征，能让儿童更好地感受到多元情感。

古诗词歌曲的作用不仅能让小学阶段的孩子学习到更多的文学知识，还能培养孩子一种积极向上、阔达乐观的精神，让儿童更好地养成美好的情感态度价值观，还能提高孩子的歌唱热情，增加学习兴趣。如陆游的《游子吟》中，能感受到赤子与慈母之间的爱；如王维的《送元二使安西》，能体会到友人之间真挚的情感；又如杜甫《春望》中，能让学生体会到亲人之间的思念之情等。如这些富有精神内涵的古诗词通过演唱的方式表达出来，会对儿童的精神思想进行较好的熏陶。

中国古诗词除了能培养儿童的情感态度，还能更好地提高儿童的审美能力，其表达形式具有其他文学体裁无法媲美的特点。当今教育常倡导提高学生素质，但素质提高的途径之一就是提高学生的文化审美情趣，古诗词歌曲教学的意义之一，就是希望能让小学阶段的孩子在更好的文化环境下健康成长。

三、将古诗词歌曲引入小学音乐课堂的实践探索

（一）将古诗词歌曲引入小学音乐课堂的可行性

1. 国家政策的支持

2017 年 5 月 7 日，中共中央办公厅、国务院办公厅再次印发了《国家"十三五"时期文化发展改革规划纲要》。《纲要》第八条"传承弘扬中华优秀

传统文化"指出："坚守中华文化立场，坚持客观科学礼敬的态度，扬弃继承、转化创新，推动中华文化现代化，让中华优秀传统文化现代化，让中华传统文化拥有更多的传承载体、传播渠道和传习人群，增强做中国人的骨气和底气。"语文新课标要求："第一学段的学生能诵读浅近的古诗，展开想象，获得初步的情感体验，感受语言的优美。第二学段的学生能诵读诗文，注意在诵读过程中的情感体验。第三学段的学生除了诵读诗文以外，还要通过诗文的声调和节奏，体会诗文的内容和情感。第四学段的学生在诵读的过程中有意识地积累感悟和运用，从而提高自己的欣赏品味和审美情趣。""诗"与"歌"既是单独的体裁，也是融合的艺术，二者本为一体。诗词中的声调节奏与音乐中的旋律节奏相通。因此，在诵读诗词时配上与之意境相同的音乐，或者为古诗词谱上旋律来进行歌唱，都是对艺术的升华。因此，将古诗词歌曲引入小学音乐课堂符合新课标对古诗词学习的要求，更是响应国家的号召，将优秀的传统文化弘扬并传承下去。

2. 学校教材的支持

在新一轮基础音乐教育课程改革之前，主要以人民音乐出版社出版的《音乐》教材为主，全国音乐教材基本是大一统的局面。在教学改革之后，我国采用"一纲多本"的政策，全国各地出现了很多版本的音乐教材，例如人民音乐出版社、人民教育出版社、北京教育出版社、上海教育出版社、湖南文艺出版社、山东教育出版社等都相继出版了音乐教材，全国音乐教材出现了百花齐放的局面，也为古诗词歌曲的教学提供了更多的可能。

经过研究总结分析发现，古诗词歌曲引入小学音乐课堂的方式和途径主要分为两种：一种是直接利用音乐教材中的古诗词歌曲来进行音乐课的教学；还有一种是个别经典的古诗词没有出现在音乐教材中，音乐教师将课外教学资源加以整合利用，来进行古诗词歌曲的教学。还有一种是语文教师在古诗词的教学过程中，利用古诗词歌曲来辅助语文课的教学，但是对此不做深入研究。

3. 作曲家的支持

除了教材以外，李叔同所编的《国学唱歌集》（表2-3）和谷建芬作品集《新学堂歌》（表2-4）也为古诗词歌曲的传唱提供了支持。

表 2-3 《国学唱歌集》

1.《葛藟》	2.《繁霜》	3.《黄鸟》	4.《无衣》	5.《离骚》
6.《山鬼》	7.《行路难》	8.《隋宫》	9.《扬鞭》	10.《秋感》
11.《菩萨蛮》	12.《蝶恋花》	13.《喝火令》	14.《柳叶儿》	15.《武陵花》

表 2-4 《新学堂歌》曲目

曲序	曲目	时长	填词	作曲	编曲	原作
1	《春晓》	2:45	[唐] 孟浩然	谷建芬	张宏光	《春晓》
2	《明日歌》	3:47	[明] 钱福	谷建芬	张宏光	《明日歌》
3	《相思》	3:11	[唐] 王维	谷建芬	张宏光	《相思》
4	《咏鹅》	2:05	[唐] 骆宾王	谷建芬	张宏光	《咏鹅》
5	《一字诗》	2:50	[清] 陈沆	谷建芬	张宏光	《一字诗》
6	《清明》	3:19	[唐] 杜牧	谷建芬	张宏光	《清明》
7	《游子吟》	4:44	[唐] 孟郊	谷建芬	张宏光	《游子吟》
8	《晓窗》	1:59	[清] 魏源	谷建芬	张宏光	《晓窗》
9	《村居》	2:21	[清] 高鼎	谷建芬	张宏光	《村居》
10	《出塞》	3:58	[唐] 王昌龄	谷建芬	张宏光	《出塞》
11	《江南》	2:14	汉乐府	谷建芬	张宏光	《江南》
12	《长相思》	2:03	[唐] 白居易	谷建芬	张宏光	《长相思·汴水流》
13	《寻胡隐君》	2:02	[明] 高启	谷建芬	张宏光	《寻胡隐君》
14	《登鹳雀楼》	2:32	[唐] 王之涣	谷建芬	张宏光	《登鹳雀楼》
15	《悯农》	2:54	[唐] 李绅	谷建芬	张宏光	《悯农》
16	《长歌行》	2:57	汉乐府	谷建芬	张宏光	《长歌行》
17	《赋得古原草送别》	4:02	[唐] 白居易	谷建芬	张宏光	《赋得古原草送别》
18	《七步诗》	2:58	[三国] 曹植	谷建芬	张宏光	《七步诗》
19	《静夜思》	4:14	[唐] 李白	谷建芬	张宏光	《静夜思》

　　李叔同所编的《国学唱歌集》在 1905 年 5 月，由上海中新书局国学会出版发行，在当时的新兴学堂广为传唱，共收录 21 首，其中古诗词歌曲就有 15 首，分别采用了《诗经》《楚辞》和古诗词作为歌词，成为 20 世纪初学堂乐歌时期古诗词歌曲创作中的代表作。2006 年，谷建芬作品集《新学堂歌》由中国唱片上海公司出版发行，在全国部分城市中小学推广，其中收录古诗词歌曲 20 首，成为进入 21 世纪中国古诗词歌曲创作的新亮点。

　　谷建芬所创作的《新学堂歌》从 2004 年起开始创作，迄今已有 50 首，其中有 19 首是以唐诗为主，结合汉乐府、三国以及明清时期的古诗词作品创作而来。这本歌曲集是谷建芬老师专门为孩子们创作的，旋律简单优美，节奏明快，易学易唱的同时更是抓住了古诗词的韵味和意境。让孩子们在优美的旋律和美妙的诗词中真切地感受传统文化的魅力，并且快乐地传承与弘扬前人留下的经典。这两本歌曲集都为古诗词歌曲进入中小学提供了支持。

　　4. 学生自身能力的支持

　　通常意义上的小学生是指处在童年期（6～12 岁左右）的学习个体，这一时期的学生在生理上身体增长迅速，脑部发育趋于成熟，神经系统发展完善；在心理上，认识活动逐渐发展，情感意志不断增强。由此可见，小学生的心理和生理都能够接受对古诗词歌曲的学习。而且越来越多的人们意识到了传统文化的重要性，因此我国大部分中小学都已经开始陆续开展各种国学活动。在这些活动的影响下，一年级的小学生都能熟记《三字经》《弟子规》等国学作品。小学生的神经系统已经基本发育完成，对于古诗词的记忆和理解都是有能力完成的。因此，在学生们已经熟记了一部分古诗词的情况下，再将相应的古诗词歌曲引入小学音乐课堂，学生们会倍感亲切与新奇，自然愿意将自己平时熟记的古诗词以歌唱的形式表达出来，无形之中激起了学生们的学习兴趣。除此之外，央视推出的《经典咏流传》和《中国诗词大会》等国学节目，也备受学生和家长的青睐，这不仅让学生们对传统文化有一个新的认识，激发同学们的兴趣，也让学生们在课后同样能积极接受传统文化，更为古诗词歌曲进入小学音乐课堂提供了重要的支持。有了这四个方面的支持，大大加强了将古诗词引入小学音乐课堂的可行性。

（二）古诗词歌曲进入小学音乐课堂的实践探索

　　1. 教学方法多样化，激发学生兴趣，提高教学质量

　　优秀的传统文化是我们民族的文化瑰宝，而古诗词是瑰宝中一颗闪亮的

钻石，因此老师和家长们都十分注重小学生对古诗词的学习，但是形式却只停留在让学生理解、朗读和记忆上面，这样的方式比较古板，很容易让学生产生厌倦或者抵触情绪，根本就不能主动地去理解古诗词的内涵，去感受古诗词的魅力。所以为了让学生更好地学习古诗词，领略古诗词的魅力，让他们从音乐的角度学习古诗词不失为一种很好的办法。

古诗词歌曲的教学也不能只是死板的教唱，简单的教唱学生们刚开始可能会很感兴趣，但后面也会逐渐失去兴趣。因此，一堂好的古诗词歌曲教学活动，应该既切合主题，又富有新意。让他们在快乐的游戏中学习，并体会古诗词的魅力。如能根据实际情况适当地加入一些实践活动，这样不仅可以提高学生们的兴趣，还能培养他们的思考能力、身体协调能力、团结协作能力和社交能力等。例如用一些打击乐器比如三角铁、碰铃、沙锤等作为伴奏乐器，让学生们一边欣赏音乐一边伴奏，还可以分小组进行分工协作。或者利用达尔克罗兹的体态律动，让学生们根据自己对作品的体会，自主创编或小组合作创编一些动作。这样不仅可以激起学生的学习兴趣，而且能让他们获得真实的体验，然后更积极主动地投入到接下来的课堂中来，进而提高教师的课堂教学成效。2015年国务院办公厅颁布的《关于加强和改进学校美育工作的意见》中强调："学校美育课程建设要以艺术课程为主体，各学科相互渗透融合，重视美育基础知识学习，增加课程综合性，加强实践活动环节。"由此可见，现在的美育教育比较重视实践活动，在课堂中穿插一些实践活动也与国务院的要求相符。除了在课堂上加入实践活动以外，还可以播放一些跟古诗词意境相同的音乐来辅助教学。乔治·罗扎诺夫是保加利亚著名心理学家、教育家。他研究的《罗扎诺夫音乐》是一种可以用来促进学习时记忆的音乐，他将一些特殊的音乐作为背景音乐，这些音乐具有舒缓神经、集中注意力的作用。小学生一般比较活泼好动，注意力品质相对较低，课间高涨的情绪无法快速平静下来，在课堂上就不能集中注意力。因此，在正式上课之前教师可以放一些平静舒缓的音乐，将学生的情绪带入到课堂氛围中来，在上课之前就牢牢抓住学生的注意力，激发他们的想象力，营造一个良好的课堂氛围。一个好的课堂氛围有利于提高教师的教学效率和效果。除此之外，教师也可以利用这些音乐让学生对课堂上的知识记忆更加深刻。科学研究表明，人的大脑有四个主要脑电波在运作，其中，只有脑电波在 α 波状态才是取得高效记忆的最好状态。而大量的研究课题发现，音乐是将脑电波调到 α 波频的最有效的手段。因此，在古诗词歌曲教学的课堂上适时地播放与古诗词意境相似的音乐，如《春江花月夜》《紫竹调》《广陵散》《梅花三弄》等，有利于将学生带入到古诗词的意境之中，从而助推古诗词歌曲的教学。下面就以古诗词歌曲《春晓》为例来加以具体阐述。该案例的教学内容是古诗词歌曲《春晓》歌唱课，教学对象是小学二年级学生，教学时长为40分钟，教学目标是诵读古诗词《春晓》，并学唱古诗词歌曲《春晓》，然后感受古人笔下的初春时节体会春日的美好时光，领悟到热爱春天，热爱大自然，珍惜春光，珍惜时间的真谛。课堂教学以春天的图片为导入，引导学生背诵古诗词《春晓》，最终引出古诗词歌曲《春晓》。

学生通过对古诗词歌曲《春晓》的学习，获得审美体验，提升自己的审美水平，并且学会热爱大自然，珍惜时间的优良品质，才是这堂音乐课的最终教学目的。

比如，二年级的小学生还无法直观理解诗词的意境，但是跟随意境相似的背景音乐来诵读古诗，可以将学生更快地带入到诗词的意境中去，比起直接诵读，更能获得一些独特的情感体会，从而提高学生们对古诗词的理解能力和审美能力。最后让学生们演唱自己曾经熟记的古诗词，然后再加上打击乐器伴奏，更是一种新奇的体验，可以激发学生的学习兴趣，拓宽学生的学习视野，也能培养他们的创新创作能力。因此，教师在教学过程中合理利用一些有效的方法，不仅可以提高自己的教学效率，更加可以激发学生的学习兴趣，提升学生的学习能力。

2. 教学内容生活化，便于学生理解，领悟人生哲理

古诗词能流传至今依旧散发着极大的魅力，是因为它的语言虽然精练，但内涵却极其丰富。同一首古诗，十个人就能读出十种意境，可见对古诗词内涵的理解也是因人而异的。低年级的小学生只能诵读和记忆古诗词，还无法完全理解到古诗词更深层次的内涵。为了让他们真正明白古诗词作者想要表达的意思，音乐教师可以将古诗词的内容与日常生活相联系，这样他们就更容易理解到古诗词所表达的含义，并且可以联想到自身，学习古诗词中所要表达的优秀品质，养成良好的行为习惯。例如在《悯农》的教学过程中，首先让学生们了解劳动人民劳作的艰辛，明白劳动果实来之不易，大米是农民伯伯辛苦劳作的果实，也是大家日常生活中的主食，每位同学都不会陌生，这个时候告诉他们，在今后的生活中，大家要节约粮食，不能浪费，并且以此拓展开来，不仅仅只是节约粮食，我们要珍惜别人的劳动果实，养成勤俭节约的好习惯。学生们便会主动思考，与自身相联系，积极地投入到课堂中

来，最终达到教学目标——让学生学唱古诗词歌曲的同时，领会诗词所表达的含义，领悟许多人生道理。

学习古诗词歌曲《悯农》，让学生们看到了劳动人民辛苦劳作的画面，体会到了劳动的艰辛和劳动果实的来之不易，明白了应该珍惜他人劳动果实的人生道理，最终于自身实际相联系，从生活中的小事做起，从小养成勤俭节约的好习惯。将古诗词歌曲的所表达的内涵与我们日常生活相联系，可以拉近学生与古代诗人之间的距离，更加贴近古代诗人的思想，从而帮助学生理解古诗词的内容，还可以将学生们在古诗词歌曲中学到的人生道理运用到实际生活中来。学习古诗词歌曲，不仅是让古诗词的古典韵味相结合来陶冶学生的情操，提升学生的审美，更重要的是让学生们学习古人留下来的高贵品质。这也是将古诗词歌曲引入小学音乐课堂的目的之一。

3. 教学手段现代化，提升理解能力，丰富教学内容

随着科技的发展，一些现代化设备如笔记本电脑、电子白板、投影仪、多媒体讲台、电视机等逐渐走进教室。这些现代化设备的加入，为音乐课开辟了一个新的天地。现在的小学教室都配备多媒体教学设备，并且支持联网。教师可以充分利用这些资源，在网上搜集相关视频、音频、图片以及资料等，来丰富学生的知识层面。一些在以往课堂中无法实现的教学环节也能在互联网上轻易实现，例如在古诗词歌曲《悯农》的教学过程中，需要同学们了解劳动人民辛苦劳作的场景，如果没有多媒体的帮助，这一环节是无法在音乐课堂上轻易实现的。因为有了多媒体，同学们就更加直观地体会到了劳动人民的艰辛，领悟到了这首作品所表达的内涵。古诗词歌曲与其他歌曲有所不同，其他歌曲的歌词都是直白易懂的，而古诗词歌曲的歌词则比较含蓄，想要理解歌曲表达的意思不那么容易，有了现代化设备的帮助，可以让学生从多个角度去欣赏和了解作品，逐渐领悟作品的含义。合理利用现代化设备进行教学，可以使音乐课堂更加丰富多彩，提升学生理解能力。

除了教师在课上利用多媒体来辅助古诗词歌曲的教学以外，学生在课后还可以通过电视机、家庭电脑等设备对自己感兴趣的古诗词歌曲进行自学，在自学中遇到的问题也可以通过互联网进行自主解决，实现学习的个性化与自主化。除此之外，还可以利用一些 APP 来拓展课堂外的学习空间，例如一款叫"读诗成曲"的微信小程序，在该程序录入朗读的古诗词音频会被自动转化成有音高有旋律的歌曲，让学生适当地使用这样的程序，可以有效地提升他们对古诗词和歌唱的兴趣。习近平在 2018 年 9 月 7 日的《世界公众科学

素质促进大会》中说过"科学技术是第一生产力"，科技的发展促进了人类文明的发展，提高了人们的生活水平，为各个行业的发展都提供了便利。因此，合理利用现代化教学手段，丰富了古诗词歌曲的教学内容，同时也让学生们可以从多方面去理解作品的内涵。

4.音乐活动多样化，融入第二课堂，拓宽知识层面

除了在课堂之中运用一些合理的方法或手段可以辅助古诗词歌曲的教学以外，第二课堂的运用也十分重要。第二课堂是第一课堂的补充与延伸，全国各个中小学都十分重视第二课堂的开展。因此，让古诗词歌曲融入小学音乐第二课堂也是将古诗词歌曲引入小学音乐课堂的重要部分。小学音乐第二课堂的内容十分丰富，有舞蹈、合唱、器乐等，古诗词歌曲可以融入任何一类之中。舞蹈方面可以以古诗词歌曲作为背景音乐，同时创编一些跟作品意境相符的古典舞蹈动作；其次，合唱队也可以选择一些古诗词歌曲作为合唱曲目；器乐方面也可以选择一些民族乐器然后组织学生为古诗词歌曲进行伴奏。甚至在一些传统节日，比如端午节、中秋节等，可以组织学生演唱一些与节日有关的古诗词歌曲，这样可以让学生们感受到更浓的传统节日氛围，同时也能对古诗词歌曲的韵味体会更深。教师将古诗词歌曲的教学从第一课堂引向第二课堂，有利于古诗词歌曲在第一课堂的教学，可以让学生从多个方面来了解古诗词歌曲，感受诗词文化与音乐相碰撞所产生的魅力，真正理解古诗词歌曲，喜爱古诗词歌曲，从中学习人生道理，并且传承和弘扬我国优秀传统文化。

（三）古诗词歌曲引入小学音乐课堂的教学过程中应注意的一些问题

1.音乐教师应更新教学理念并提升自身文化修养

音乐教师是古诗词歌曲引入小学音乐课堂的中坚力量，因此音乐教师的教学理念和自身的文化修养是古诗词歌曲能否成功进入小学音乐课堂的关键因素。

教学理念的更新是将古诗词歌曲引入小学音乐课堂的基础。古诗词歌曲的教学目前还没有在小学课堂中推广开来，因为现有的音乐教材中古诗词歌曲的占比非常少，大多数音乐教师都是按照教材来进行教学，因此，许多音乐教师还没有发现古诗词歌曲在小学音乐课堂中发挥的重要作用，也就不够重视古诗词歌曲的教学。音乐教师除了根据音乐教材来进行教学以外，还应该合理利用其他教学资源，同时更新守旧的传统教学理念，尝试接受新鲜事物，适当地将古诗词歌曲加入音乐教学内容中来。只有教师教学理念的改变，

才能让学生们有更多机会接触到古诗词歌曲。

音乐教师自身文化修养的提升是将古诗词歌曲引入小学音乐课堂的保障。很多音乐教师自身专业很好，但是对古诗词的了解却不足，因此，音乐教师应该不断地充实自己，广泛阅读书籍，不仅仅是音乐方面的知识，其他学科的知识均要有所涉猎，还应将音乐方面相关的知识与其他学科紧密结合，只有自身拥有丰富的知识，才能给学生提供更大的想象空间。除此之外，音乐教师还应该加强文学修养，才能准确地理解古诗词歌曲所要表达的内涵，同时还应提高自己的语言表达能力，因为良好的语言表达能力可以使教师将原本晦涩难懂的内涵用形象易懂的语言准确地传达给学生。当然，标准的普通话也是师生之间能够顺利沟通的重要条件。

2. 在教学过程中应注意平衡诗词与音乐的关系

古诗词歌曲的本质是音乐，音乐的社会功用极其广泛，好的音乐可以陶冶情操，振奋精神，鼓舞斗志，释放压力，舒缓心情，提升审美和道德教化等。小学音乐课程的主要价值是通过音乐来使学生获得审美体验，提高审美水平，激发学生的创造力，提高学生的社会交往能力和实现文化的传承。音乐课程标准指出："音乐教学中提倡学科的综合，在实施中，应以音乐为教学主线，通过具体的音乐材料构建起与其他艺术门类及其他学科的联系。"因此在古诗词歌曲的教学中，音乐教师应该注意不能本末倒置，过于注重古诗词的讲解而削弱了音乐课堂中的音乐性。对于古诗词歌曲在小学音乐课堂中的教学，音乐教师应该找准自己的职业定位。让学生更多地从字里行间去感受古诗词的魅力，理解古诗词的内涵，这是语文教师的职责范围，而音乐教师则是应该立足于音乐本身，从音乐出发，以音乐为主线，通过音乐的丰富表现，从不同层次和不同角度带领学生来分析古诗词歌曲的内涵，感受古诗词歌曲的魅力，体验古诗词歌曲的韵味和美感。因此，在将古诗词歌曲引入小学音乐课堂的过程中，音乐教师在设计教学环节的时候，可以适当对古诗词进行讲解，但是更多地还是要抓住音乐的特点，从音乐的角度引导学生来学习和体验古诗词歌曲。

3. 在教学内容的选择上注意古诗词歌曲与其他歌曲的关系

古诗词歌曲的教学虽然具有十分重要的意义，但是音乐文化多种多样，例如交响乐、歌剧、戏曲音乐等，每一类都是音乐界的一颗宝石，古诗词歌曲也只是众多音乐文化之中闪耀的宝石之一。每一种音乐文化都有着它存在的价值和意义，因此，音乐教师在教学内容的选择上应该合理搭配，拓宽学生视野，不能过于倾向于某一种类型的音乐。如果教师太倾向某一种类型的音乐，就会使学生音乐审美过于单一，从而无法享受到丰盛的"音乐大餐"而导致"营养不良"。因此，让学生们接受多元的音乐文化的熏陶，才能充分发挥音乐本身的作用，更加有利于学生对古诗词歌曲的深入学习。

4.注重对教学资源的开发与利用，加大校本教材的建设力度

教材是教学的依据，但是目前小学现有的音乐教材中，古诗词歌曲出现的概率极其微小，在人民音乐出版社出版的《音乐》系列教材中，二年级下册中才出现了一首古诗词歌曲《春晓》。很显然如果只凭教材里面的内容来进行古诗词歌曲的教学是很有局限性的，因此，音乐教师应该充分利用其他教学资源，对现有教材进行适当整合。除了教材以外还有很多优秀的课外资源，例如谷建芬创作的《新学堂歌》，就是专门为孩子们创作的儿童古诗词歌曲，现在已经成为儿童音乐启蒙和国学启蒙不可或缺的理想素材，很适合在小学音乐课堂中加以应用。《新学堂歌》中的作品大都旋律简单优美，节奏明快，易学易唱的同时更是抓住了古诗词的韵味和意境。音乐教师可以根据学生的情况和需求，挑选一些适合的古诗词歌曲到音乐课堂中，让孩子们在优美的旋律和美妙的诗词中真切地感受传统文化的魅力，并且快乐地传承与弘扬前人留下的经典。各小学在校本教材的编写过程中，也可以根据学校的实际情况和需求，适当地编入一些古诗词歌曲，为音乐教师提供更多的教学素材。像《新学堂歌》这样优秀的古诗词歌曲的素材还有很多，音乐教师应该善于发现收集这些优秀的素材，并且与现有教材相结合，在教学中加以合理利用。同时，笔者建议，有关部门可以在小学音乐教材的编写过程中适当地增加古诗词歌曲的占比，让小学音乐课堂变得更加丰富多彩。

四、传统文化在学校音乐教育中的实践思考

（一）古诗词歌曲的适宜性是实践教学的根本前提

发展适宜性课程认为，教学内容的选择应该考虑学生的年龄特点和个体的不同需要、兴趣以及心智发展水平等，从而确定相应的教育目标、教育准备、教育方法、教育内容和教育活动过程。同时，教学是建立在教师对儿童充分观察和了解的基础上，是一个师生互动学习的过程，教学过程是具体的、真实的，与学生的日常生活关联。因此古诗词歌曲的适宜性是实践教学的前提条件。

音乐课上的古诗词歌曲教学不同于传统的语文课堂上的古诗词教学，目

的不是要求学生能够背诵古诗词，或是理解其中的语法规则，而是老师根据学生的兴趣、需要和水平，欣赏古诗词歌曲的意境，带来精神上的美感和享受。因而，在古诗词歌曲教学实践中，根据学生年龄特点，确定教学目标，选择适合的古诗词歌曲，采用适当的教学方法，从而吸引学生学习。

因此教师在选取古诗词歌曲时，首先要考虑到歌曲诗词本身的难度，即难度适宜。二年级学生本身识字量有限，分析和理解文言文的能力有限，体验音乐能力亦有限度，所以教师尽量选择语言词汇相对简单、音乐旋律易学的古诗词歌曲，否则会让学生感到晦涩难懂，难以开展古诗词歌曲教学。

其次，选择的古诗词歌曲主题内容要学生感兴趣或贴近学生生活，即主题、内容适宜。比如《悯农》反映人们劳动的生活，《游子吟》表达父母亲情，《咏鹅》体现生活中常见小动物的典型特征等。

根据皮亚杰认知发展学派观点，二年级学生在思维上还处于"具体运算"阶段，学生对于事物、知识的认知需要借助形象、直观的手段，所以教师在教学方法的选择上要灵活、多变，即方法适宜。

另外，古诗词歌曲的学习需要具有一定的语文、音乐基础，这是学习古诗词歌曲的必备条件。任何歌曲的学唱，包括古诗词歌曲，都要先能正确认读歌词，正确理解歌词，才谈得上借助音乐将歌词唱出来。其次，学习古诗词歌曲的学生需对中国文化有浓厚的兴趣，兴趣是学习新事物最好的老师，也是学习的内在动力。

（二）古诗词歌曲教学活动方案的设计是实践教学的质量保证

在新课改理念下，审美体验、创造性发展、社会交往、文化传承等是音乐课程的价值取向。那么在教学活动方案设计上就要遵循这一要求，教学活动方案设计，是为教师教什么、怎样教，学生学什么、怎样学而实施的一种设计，它是理论与实践之间的桥梁，是教学实践活动实施有效性的保障。因此，活动方案设计注重学生的感受与鉴赏能力培养，表现与创造力培养，音乐与相关文化素养提升。古诗词歌曲引入小学音乐课堂的教学实践，并不断进行修正，以保证实践活动的科学实施。

（1）利用音乐与舞蹈律动设计古诗词歌曲教学活动。将以舞蹈律动形式融入音乐古诗词教唱环节，音乐与舞蹈动作的结合使古诗词歌曲形象更为丰满和立体。

（2）利用音乐与特定场景设计古诗词歌曲教学活动。对古诗词歌曲以特定场景设计的形式融入音乐古诗词教唱环节，通过理解古诗词作者的立意，观察生活中的点滴，分出场景，让学生认识并了解生活中的各种事物、形象的意识形态，同时领悟了古诗的意境，也培养学习古诗词以及中国传统音乐的兴趣。

（3）利用音乐与情景表演或合唱实施古诗词歌曲教学活动前，以情景表演小组唱或合唱的设计形式融入音乐古诗词教唱环节。童声合唱、表情唱以高雅、优美的艺术魅力深受小朋友的喜欢，且普及型较强，适合小学低年龄阶段的学习。

（4）充分利用主题比赛、传统节日表演等形式提高学生学习古诗词歌曲的兴趣。古诗词歌曲教学并不能局限于传统的室内课堂教学，可以将课堂拓展，陈鹤琴先生曾说，大自然、大社会都是活教材。课堂自然也应该延伸到大自然中，这种"大课堂"其实就是我们丰富的教学资源环境，教学方式、场地、时间、地点等都可以有效延伸。

（三）教师教学方式的革新是实践教学的动力所在

教学是一门科学，需要有科学、严谨的程序与方法，教学也是一门艺术，教学过程中蕴含着创造力与想象力。不同的教师在课堂上会呈现出不同的效果和艺术氛围，教学虽然有规定的教材、预定的教学目标、内容及要求，却没有固定的方式，课堂教学给予了教师充分的发挥的空间，在尊重学生的前提下探索新方法、寻找新路径。在小学音乐课堂中，教师在教学上要大胆尝试和创新，形成自己鲜明的教学个性，古诗词歌曲教学与学生的学习相得益彰。

（1）设计独树一帜的个性化教学思路。在方法和形式上别出心裁，不拘一格，这样才能快速吸引学生兴趣，提高教学过程中学生的专心度、持久度，利用歌曲、舞蹈、律动、情景表演等形式，抓住学生的兴趣点，开展教学工作。

（2）授之以渔，而非授之以鱼。教学的目的不在于传授，而在于启发、激励和引导。因此教师的主要职责不在于"教"，而在于指导学生如何"学"，古诗词歌曲教学目的不在于让学生学会唱或学会背诵某首古诗词，而是让学生体验古诗词歌曲本身的美感，通过自己的创编更好地理解其中的意境。同时，也要建立融洽、相互理解的师生关系。发挥学生的想象力与创造力，体现学生主体地位，让学生变被动为主动。

五、传承古代诗词歌曲的途径和措施

（一）政府重视

自 20 世纪 70 年代末改革开放以来的 40 年时间里，国家各级政府组织开展了创世纪的传统文化抢救和保护工程，我国的传统音乐及其他类别的传统文化得到了及时有效的抢救、整理和保护。然而这些宝贵的传统文化资源更多的还停留在博物馆的资料库里，还没有走向社会，走向舞台，走向广大群众的生活中。

近几年来，随着我国市场经济的迅猛发展，各种流行音乐和外来音乐迅速占据国内的音乐舞台。相反，传统音乐的展演和传播却较之缓慢。这并不是说流行音乐和外来音乐不好，而是不能因为经济利益或商业目的而顾此失彼。这就需要政府相关部门制订相关的政策和法规，出台有效的展演和传播传统音乐的机制和措施，弘扬我们的传统音乐。

再者，政府还应鼓励和支持民间的音乐团体来担当起传播和弘扬传统音乐的重任。其实，传统音乐中的很多经典之作就是在他们悉心爱护、无私奉献和业余的表演中被人们所熟知的。如 20 世纪 20 年代刘天华等筹办的"国乐改进社"；还有经典音乐作品《春江花月夜》，就是由当时上海的民间音乐团社"大同乐会"整理改编，并以江南丝竹的形式演出传播开来的。在各地成立民间音乐团社，使整个社会形成一种传播和弘扬我国传统音乐的良好文化生活和氛围。

（二）学校音乐教育是传承和发展传统音乐的主要途径和重要基地

传承和发展传统音乐，得从娃娃抓起，因此学校是重要基地。目前我国拥有几十万人的音乐教师队伍，他们直接肩负着发展和弘扬传统音乐的重任。一方面，基础音乐教育的主管部门要建立起系统、规范的传统音乐教学机制。如编制传统音乐教材，配置传统音乐的师资等。另一方面，各级各类高校，尤其是专业音乐院校和师范类高校，要承担起挖掘、整理和研究我国多姿多彩的传统音乐的使命，不断提高理论研究水平，使其形成完整的体系，让学生对传统音乐从感性的了解上升为理性的认知，从而培养更多能够胜任传承和发展我国传统音乐的专业型人才。

传统音乐并不是一成不变的，它与社会历史的变迁、变化和发展紧紧相连。因此，对于传统音乐我们不应该采取保守的态度，而是应该吸取新时代的新元素将它继承和弘扬。"传"是保留和传播的意思，这是一个流动的传递过程，"统"则是稳定和统一规范的意思；"'传统'是含有动态意义的名词，它代表了一个民族、地区某种世代相传的精神文化现象"。正因如此，传统音乐既要保留其特有的风格特征，又要在此基础之上不断注入新时代的元素，顺应时代的要求，才能得到更好的传承和发展。具体讲：

（1）学校要有选择性地研究传统音乐中那些经典的作品，因为它们既体现了我国传统文化的风格面貌，又在传承和发展中不断吸收新的文化元素，虽历经千年沧桑而依然璀璨夺目，如前文提到的《春江花月夜》等。它们一方面代表了我国优秀传统文化的特点，另外，也为我们提供了传承和发展传统文化的方法和途径。这样，我们的研究才能够向学生展示我国优秀传统文化蕴含的无限魅力。

（2）学校在传承和发展传统音乐文化的过程中，还应吸收外来优秀的音乐文化。因为，当今的21世纪，是一个文化大融合、文化多元化的世纪。伴随着西方音乐文化的不断传入，把西方音乐和中国传统音乐作对比研究的过程中，发现我国的传统音乐尚存在许多不足的。例如，音乐理论不够完善、缺乏系统性；记谱法不够直观等。因此，学校在对待我国传统音乐的态度上，还应在保留传统音乐风格特征的基础上，吸收外来元素，在东西方音乐文化的融合中，为我国的传统音乐的传承和发展开辟出一条新的路子。在这方面，我们已经有很多的专业音乐研究者对我国的传统音乐开展了长期深入的研究，并取得了令世人瞩目的成就。如我国著名的传统音乐学家乔建中的音乐地理学研究，著名民族音乐学家田青的佛教音乐研究，著名的民族音乐理论家杜亚雄的传统音乐理论研究等。

（3）随着社会的快速发展，传播媒介已经由过去的版画、电视等逐渐发展到了现代的互联网、电子宣传板等。现在的青少年学生特别喜欢这些新型的传媒方式。他们接受新鲜事物的能力快，具有很强的可塑造性。所以，学校应充分利用这些现代化教学方式和资源，使我们的传统音乐在青少年学生中得到更好的弘扬和传播。

中央电视台举办的大型文化节目《经典咏流传》，节目响应落实十九大报告"推动中华优秀传统文化创造性转化、创新性发展"的精神，用"和诗以歌"的形式将传统诗词经典与现代流行相融合，在注重节目时代化表达的同时，也将深度挖掘诗词背后的内涵，讲述文化知识、阐释人文价值、解读思想观念，为现代文明追本溯源，树立文化自信。掀起了一股"唱经典"的热潮，这一现象让我们意识到传统文化并没有远离我们，也没有失去大众群体。相反，更加让我们了解和喜爱这样一种古风型的音乐品种。

第三章

音乐教育中弘扬中国传统文化的理论与实践

第一节　音乐教育中弘扬中国传统文化的意义

一、有助于实施和继承中华民族传统文化教育

音乐教育的学科特点有助于实施和继承中华民族传统文化教育，通过音符时值变化的韵律，高低起伏的旋律，还有音乐中力度记号的变化，学生由音乐的美产生"联觉"，从而更好地体会中国传统文化；在音乐教育中弘扬中国传统文化，可以培养学生民族审美观、民族意识和民族精神。青少年是我国未来发展的希望，培养其民族意识及民族精神是不可忽视的。中国传统文化是人类发展历史上一块灿烂的瑰宝，是东方文化的集中体现。学生在音乐课堂中学习中国传统文化，必然增强其爱国情怀、民族使命感、历史责任感；在音乐教育中弘扬中国传统文化，也是素质教育和时代发展的需要。

《中华人民共和国教育法》第一章总则的第七条明确规定："教育应当继承和弘扬中华民族优秀的历史文化传统，吸收人类文明发展的一切优秀成果。"当代思想家任继愈先生认为"一个民族的历史和文化是国家兴亡之学，民族盛衰之学"，必须重视传统文化的教育工作。

在古代曾有诗歌证明：

《乐记》曰："诗，言其志也，歌，咏其声也，舞，动其容也，三者本于心，然后乐器从之。"从《乐记》中可以看出，文字与歌舞都是从心而来，只不过是三者的表现形式不同。音乐学科和普通的文类学科都能够对中华民族传统教育进行传播，然而音乐学科较之于其他学科，有着自身突出鲜明的特点。音乐是听觉的艺术，会更加直观地使学生产生美的感受与感想，还对想象力、情操、智慧及事物的认知都有一定的影响，这是其他学科所不能取代的优势。

我国的传统文化是中华民族的气质和感情，它有着强大的生命力。学校

音乐教育应把中国传统文化放在首位，学生在教师引导下，培养民族审美观和民族精神，以适应素质教育和时代发展的需要。要深入对我国音乐教育现状及中国传统音乐进行分析与探索，将研究的成果应用到音乐教育中。最重要的是呼唤音乐专业师生对中国传统文化的重视，通过音乐专业及学科特点，将中国传统文化与音乐教学结合起来，弘扬中国传统文化，发挥音乐教育的作用，培养学生的审美观、民族意识和民族精神，更新观念，审时度势。力求通过师生对传统文化的学习，能吸取中国优秀传统文化的精髓，并运用到自己的行动中去。使教师学识渊博，品德高尚，使学生明礼诚信，胸怀大志。让中国的传统文化宝藏继续传承发扬。

二、可以培养学生民族审美观、民族意识和民族精神

青少年是我国未来发展的希望，培养其民族意识及民族精神是不可忽视的。中国传统文化是人类发展历史上一块灿烂的瑰宝，是东方文化的集中体现。学生在音乐课堂中学习中国传统文化，必然增强其爱国情怀、民族使命感、历史责任感。

抗日战争时期涌现了大量的爱国歌曲，最有代表性的要数我国国歌。1949 年《义勇军进行曲》被定为中华人民共和国国歌。铿锵有力的旋律，振奋人心的歌词，凝聚了民族团结感。在音乐课堂上教师通过讲述他的创作背景、音乐家创作歌曲的由来，大大增加了学生的爱国热情及民族精神。升旗仪式上，同学们行队礼，凝视着鲜红的国旗，共同演唱中华人民共和国国歌的场景，无不令人振奋与感动。在学生时代，成为一名升旗手和国旗下讲话的演讲者，是每一个学生的心愿。当代作家黄蓓佳创作的长篇儿童小说《今天我是升旗手》，通过生动细腻的笔触，描写了主人公肖晓的成长历程，主人公肖晓终于在毕业那天实现了亲手升起了国旗的美好心愿，感人至深。

近现代也创作了很多爱国歌曲。由黄霑作词、王福龄作曲、张明敏演唱的《我的中国心》，形象地表达了海外侨胞对祖国的热爱之情；由李安修作词、陈耀川作曲、刘德华演唱的《中国人》也红遍了大江南北。在音乐课堂中，有针对性地选择教材及作品，可以大大激发学生的爱国情怀，《七子之歌》《五月的鲜花》《唱支山歌给党听》《我爱北京天安门》都是学生时代记忆中经常演唱的感人的儿童爱国歌曲，好好地运用爱国歌曲，使学生们在演唱中能够加深热爱祖国热爱党的美好情怀，达到培养学生民族审美观、民族意识和民族精神的教育目的。中华民族的传统文化源远流长，生生不息，上下文明

五千年，博大精深，推进了整个世界的进步，以一个伟大民族的形象屹立在世界的东方。在民族文化传承的过程中，教育占着不可忽视的位置。少年强则国强，少年优则国优。当今，我们需要将音乐教育和中国传统文化结合起来，在音乐教育中弘扬中国传统文化教育，运用音乐学科的学科特点，在音乐课堂中把爱国主义、民族意识和民族精神进行渗透。

三、能够挖掘传统音乐内涵，拓展、传承传统音乐文化

中国传统音乐有着意境美的特点，最适合陶冶情操。无论是孔子、孟子，还是荀子、韩非子，这些哲人阐述了很深的艺术见解。老子主张的"大音希声"、庄子的"视乎冥冥，听乎无声。冥冥之中，独见晓焉；无声之中，独闻和焉。故深之又深而能物焉，神之又神而能精焉"阐述了中国传统音乐的内涵之一：虚实相生的"意境美"。

《乐记》："乐者，天地之合也。"伯牙抚琴、子期知音的中国十大古曲之一《高山流水》，将中国传统音乐的"中和之美"的内涵表现得淋漓尽致。柔中带刚、动静相宜，仿佛置身于仙境，世界只剩下天、地、人、琴。在音乐课堂上，教师在让学生聆听优美的乐曲，讲述"海内存知己，天涯若比邻"，"相识满天下，知心能几人"的情怀，感受幽婉含蓄，淡薄而深邃的意境。在讲述古琴的构造，学生定将带着极大的兴趣"洗耳恭听"。陈钢与何占豪的作品《梁祝》，是一首兼具民族性与艺术性的作品。以家喻户晓的民间故事梁山伯与祝英台为题材，以梁山伯祝英台的爱情为主题，也是学生感兴趣的优秀作品。又如民族管弦乐作品《春江花月夜》，学生在欣赏过程中，会感受到春天的夜晚，江流婉转，月照花林，随风而来的花香。那优美，那惬意，随着音乐的流淌，全部涌入到学生的内心。学生会情不自禁地联想到祖国的大好河山、美丽风光，在上课的过程中既体会到了由音乐带来的真善美，又可以高效率地学习了解民族乐器知识。

《乐记》中表示，文字与歌、舞都是从心而来，是心灵真善美的完美融合。音乐与生活有着密不可分的关系，无论是人们在劳动、婚丧、嫁娶，还是宗教等活动都有重要的作用，音乐以其深远的内涵激发人们生活中的各种情绪。因此，我们应充分地认识中国传统音乐的艺术文化价值，将其传承下去。将音乐这一门听觉的艺术，用声音作为表现手段，打动学生的内心，使通过听觉，产生想象、获得美感。在音乐教育将中国传统文化教育传承下去，挖掘传统音乐内涵，拓展、传承传统音乐文化，达到音乐的教育目的。

四、是素质教育和时代发展的需要

（一）传统音乐的人文、审美、德育意义

传统音乐久经传承，是经过历时洗礼保留下来的精华。因此传统音乐作品不仅让听众有着听觉的享受，还会受到很大的启示。如《满江红》，气薄云天，令人振奋，每次听起都会深受鼓舞，引起很大的共鸣。中国传统音乐更加注重中国特色的美感，比流行音乐更加注重内在，使学生领略到高雅脱俗的艺术美。多媒体时代的到来，使学生受到的外界诱惑日益增大，中国传统音乐也就成了一个参照标，使学生明确自己的人生观、世界观，不被网络的花花世界所蒙蔽了方向。所以，中国传统音乐有着人文教育意义、审美教育意义、德育意义。

（二）可以提高形象思维的能力

在音乐教育中弘扬中国传统文化教育，可以促进学生的想象力与联想力。比如陈培勋创作的中国钢琴作品《平湖秋月》，在乐曲的开始，右手三十二分音符依次漫开，仿佛微风拂过湖面，一阵花香扑鼻而来。左手联奏了四次五度音程，仿佛微风拂过湖面的阵阵涟漪，又仿佛听到了傍晚远处传来的钟声。美妙的旋律会轻易让学生产生联想，细致入微、栩栩如生。如由黄海怀创作的二胡独奏曲《赛马》，乐曲一开始就使听者好似看到草原上一匹匹骏马在奔腾驰骋，拨弦技巧的华彩乐段，强弱对比的运用，仿佛看得见马由近及远驰骋而过，一幅蒙古族热闹喜庆的赛马图栩栩如生。传统音乐多姿多彩，对学生形象思维的促进起到了极大的作用。

（三）可以开拓学生的视野，扩大知识面

一些著名的音乐家同时也担任文学家、哲学家、书法家、思想家等角色，因此在其音乐中也必然渗透其他方面的知识。因此学习传统音乐绝对可以让学生见多识广，成为全方位的人才。20世纪初，蔡元培提出了"德智体美"全面发展的教育理念，音乐美术学科须受到重视。也反映出音乐教育是素质教育和时代发展的需要。以人为本是科学发展观的核心，目标是教育青少年，体现以人为本的形成，特别是青少年的人格文化必须加以重视，中国传统文化有着丰富内涵，是包含人生智慧与文化建设的深层的精神家园。注重青年发展青少年，才能为子孙后代奠定坚实的基础；我们应在音乐教育中弘扬中

国传统文化教育，重视中国传统文化教育，以提高学生的自身道德品质，处世为人，统筹大局。培养时代发展的后备力量，也使中国传统音乐得以发展与继承。

第二节　音乐艺术的社会性及与中国传统文化的关系

一、音乐艺术对塑造人格有着深远的人文意义

艺术大师丰子恺指出："教育是教人以真善美的理想，使窥见崇高广大的人世的。再从心理学上说，真、善、美就是知、意、情、知意情三面一并发育，造成崇高的人格。"由此观之在丰子恺的世界里，教育尤其艺术教育是以真善美为内容，以健全人格塑造为落脚点。

音乐历史上给我们留下了无数动人的有教育意义的故事。音乐对于培养人类基本能力还是有着很大帮助的。这也是许多教育学者、心理学者等诸多研究者已经阐明的事实。音乐是培养我们表达能力的情绪语言。如果音乐无法反映人的内心，那么音乐也就再无法与其他人沟通。如通过讲"音乐家贝多芬与《月光曲》"的故事，让学生在听故事的时候感受贝多芬琴艺的高超和心地的善良，同时在不经意间讲述了名著的背景及由来。"据说有一天，太阳西下的时候，贝多芬独自在维也纳郊外散步，无意间经过一幢简陋的木屋，那屋子传来一阵琴声。贝多芬驻足一听，听到了自己写的一首钢琴奏鸣曲，并通过对贫苦人家的了解，与自己的演奏，这首举世闻名的《月光曲》就此诞生。"开始时，从钢琴上荡漾出一段平和安祥的音乐，仿佛明月冉冉上升，将银光投射在睡梦中的森林和原野。第二段里，曲调变得活跃起来。最后乐曲更加激烈狂热，有如怒涛飞溅的急流，向辽阔的海洋狂奔而去。

音乐用它无法比拟的神奇力量温柔地抚慰着我们的灵魂，放松我们紧张的神经。如果青少年能够热爱音乐，也能够把音乐变得更加生活化。这就让学生们在生动的故事课中学习到了音乐的作品，将音乐与传统文化结合得恰到好处，而同时又让学生们在学音乐的同时学习了做品德高尚的人。人格的意义在字典中解释为"人所具备的个人价值中的精神资格"或"道德行为主

体的个人"。生动形象地体现出音乐艺术的社会性。

二、中国传统音乐是中华民族传统文化的重要组成部分

中国传统文化是我们的祖祖辈辈世世代代所创造出来的，经过数千年的探索求知不断总结出的文化精髓。它包括：琴棋书画、文学诗词、宗教哲学、民俗民风、建筑工艺等方面，博大精深，兼容并蓄。中国传统音乐产生很早，早在原始社会就有了原始歌舞。音乐文化逐渐发展，到了殷周，音乐文化较于之前更加发达。历史上音乐繁华的现象多次出现。中国传统文化成就了典型的中国传统音乐，使中国传统音乐在传统文化中得以根植、生长，形成了有着中国特色形态特征的典型音乐风格。传统文化虽饱受非议，但历史已经充分证明，民族的，才是天下的，没有传统文化的民族，只能沦为他人的附庸，更不用说本身的民族精神了。

三、中国传统音乐可以促进社会和谐，加强时代的凝聚力

时代的发展与本时代的音乐作品有着密不可分的关系。音乐作品是社会现状的反应。1949年新中国成立以来，涌现了较多反映新社会、新时代的作品。如《走进新时代》《春天的故事》《和谐中国》《天路》等。一首首振奋人心、充满爱国情怀的歌曲，在人民心目中加深了对党、对人民的热爱之情。促进了社会的和谐发展。音乐对时代的影响力是巨大的。《和谐中国》的歌词中写道："和风细雨的好时节，天地与人和。和颜悦色的好感觉，人人很亲和。和气致祥的好人家，日子挺祥和。和衷共济的共和国，心齐力更和。和谐中国，和谐中国。"歌曲赞颂的正是我们新时代的最高追求：和谐盛世，同欢同乐天下和。

第三节　音乐教学中增强中国传统文化教育的方法和途径

一、将中华民族传统文化教育放到音乐教育的重要位置

中国传统文化是我们中华民族的灵魂，是中华文明演化而汇集成的一种反映民族特质和风貌的民族文化，是民族历史上各种思想文化、观念形态的

总体表征，是指居住在中国地域内的中华民族及其祖先所创造的、为中华民族世世代代所继承发展的、具有鲜明民族特色的、历史悠久、内涵博大精深、传统优良的文化。当前由于我国的外交的扩大以及我国综合能力的增强，弘扬传统文化成为我国当前都在研讨的热门。这是一件好事，说明了人们对传统文化的重视以及对其作用的认可。同时也说明了国家除了具有强大的物质基础外还必须有与其实力相配的精神条件。舍其一则无法存活。因为它关系到民族命脉、信仰、世界观及价值观等核心问题。随着社会的高速发展，学生们处在对世界对外界文化判断力较差的年龄，追赶潮流的现象严重。旧的音乐模式、观念，影响了学生的兴趣。部分传统民族文化正在面临失传的处境。我们不能不看经济，不抓文化。各部门看重对于旅游文化的保护，然而对中国传统音乐文化的保护和传承却有所忽视。

二、发挥教师的主力军作用

马里坦的"教育处在十字路口"。其中指出"对于意志和人类行为的真正的正直，知识和优良的教学是必需的，但是确实又是不够的"，"知识对德行很少帮助，或者甚至毫无帮助"，"对德行有很大帮助的是爱"。书中说出了教育的重要性。在我国教育的主要人物是教师。那么教师应重视传统文化观念，树立发扬民族文化传统，弘扬民族音乐文化的观念。教师在教学中不仅要教会学生技能知识的培养，还要帮助学生分析了解中国传统音乐的民族特征，通过对作品的创作背景方面去了解体会作者的内在情感。引导学生从深层次上理解民族音乐其中的内涵精神文化。由内到外潜移默化地培养学生的民族自豪感和对传承音乐文化的自觉意识和责任感。

（一）教师做好主力军，加强传统音乐文化素养，做传统音乐的爱好者

学校教育主要是要形成社会共识，所以音乐教育更要倾向于考虑学生的兴趣及性向。要想给学生营造一个传统音乐的环境，教师自身应加强中国传统音乐文化素养。传统音乐作为教学内容被提上日程，除了育人目的外，是在使中国优秀传统音乐文化得以传承。借鉴固然重要，但不可动摇本国文化之根基。这也是借鉴的前提和要求，学者们从文化传承关系的角度指出，当下最为重要的就是选择什么样的文化传承关系，即把自己的文化发展、音乐发展建立在什么样的文化传承基础之上，这是传承中国传统音乐文化必须认

清和确定的事情，也是摆在每一个民族音乐教学工作者面前的不可回避的事实。教师加强自身专业技能，才会从"根"上扭转眼前的局势。多参加教师培训班，经常参加进修学习，甚至从全国各省市地区引入传统音乐的专门人才来为学生表演和授课。结合当前形势，更新教学理念，认清发展方向。全身心为教学服务。

（二）教师需结合传统音乐缺失，精心设计教学环节与内容

教师应利用多媒体等视听工具，让学生多欣赏中国传统音乐。近代的多媒体则是指依靠文字、图片、照片、影像、动画、音响、音乐、出版等数码方式，以电脑为中心整合的相互沟通与应用的复合多媒体。多媒体教育的优点即是可培养学生单独地使用信息的能力，增加学生的综合表现能力，促进学生通过多样化基础信息进行个性化学习。做到了对中国传统音乐的充分了解和认知，才能从心里喜欢上传统音乐。对于曲目的选择，上课时也应选择恰当的在可接受范围内的曲目。

（三）面对不同的授课对象，采用不同手段和形式弘扬中国传统文化

比如说在声乐课上应该多让学生演唱民歌，在和声课则多分析民族调式；在舞蹈课，多让学生练习形体动作，在视唱教学中则让学生多演唱歌曲和乐曲；在器乐课上要让学生多选学民族乐器，并建立民乐队，开设民乐合奏课等。从而增加学生对民族民间音乐的了解和兴趣。下面，将分别以中小学、高校作为授课对象，来进行分析研究。

1. 授课对象是中小学

中小学的学生年龄尚小，中国传统音乐的渗透要多重视启蒙与兴趣培养。如采用听与看相融合的方法，一边欣赏的同时，一边"润物细无声"地培养兴趣。

对于中小学生来说，传统音乐了解得并不全面。学生对传统音乐不热情是因为对传统音乐的不了解，另外还有一个原因就是传统音乐不像现代流行音乐有着鲜明的节奏特点，不太容易吸引学生的注意力。因此，面对中小学生，在选择授课曲目时一定要选择轻松欢快、富有童趣的曲目。比如作品《阿细跳月》，这是一首节奏欢快、强弱对比明显的民族民间音乐作品，学生会不自主地跟随着节奏摇头、拍手，在肢体语言中领略了这首民族民间音乐作品。

2.授课对象是高校大学生

根据调查了解，高校中的音乐学院都设置了中国传统音乐课程。大部分大学已面向大学生设置了相关公选课程，其中音乐类的一项公选课就是中国传统音乐。公选课教学毕竟不同于专业课教学，应注重对学生兴趣的引导。下面从几个方面整理一下授课建议：

（1）宫廷音乐授课建议。宫廷音乐在中国传统音乐中占据的地位很重要，当今热播的宫斗电视剧又是大学生课余非常喜欢观看的。何不从这里入手呢？比如现在热播的《宫锁心玉》《步步惊心》《甄嬛传》里，都涉及宫廷音乐，并且电视剧还为我们提供了画面。教师在以热播剧作为课程导入时，可以想象学生的兴奋度与关注度一定会大大提高，伴随着学生的好奇心，教师循循善诱，细致地讲出我国宫廷音乐的特征、分类、社会功能等。学生一定会接受得非常快，上课效率大大提高。

（2）文人音乐授课建议。文人音乐，从名称上不难看出，文人音乐就是和具备一定文化修为和创作能力的文人墨客有关的音乐。文人音乐主要由琴乐和词调音乐组成。当代大学生面临就业与都市快节奏生活的双重压力下，对"采菊东篱下，悠然见南山"的归隐情怀颇感兴趣。古人的那份"心远地自偏"的高远，和"斯是陋室，惟吾德馨"的淡然，与现代的快节奏工作生活比起来，是那么的闲适脱俗。因此，我们可以从文人音乐的"隐"和"逸"入手。如古琴曲《醉渔唱晚》《樵歌》、琵琶曲《渔家乐》等来引入课题，深入文人音乐的曲调特征，会起到好的课堂效果。

（3）民间音乐授课建议。民间音乐是中国传统音乐的核心组成部分，也是较之于宫廷音乐、文人音乐、宗教音乐更加接近生活的音乐类别。所以课堂导入部分较容易。大学生都是来自祖国各个民族各城市的同学，公选课的课堂又来自不同的系列，因此可以同学们互相自我介绍，介绍家乡民族音乐特色，教师通过同学们提起的民族音乐、民族舞蹈或说唱音乐、戏曲音乐的介绍加之以详细的循循善诱和讲解，完成民间音乐部分的授课内容。

三、加强中国传统文化教育，应理论与实践相结合

中国民族音乐基本上有四种表现形式：宫廷音乐，文人音乐，宗教音乐和民间音乐。宫廷音乐又分为两种，第一种是典制性音乐，如各类祭祀乐、朝会乐等；另一种是娱乐性音乐，如各种筵宴乐等。这两大部分音乐既体现了至高无上的皇权又体现出贵族阶级的享乐主义。文人音乐包括古琴音乐与

词调音乐，从文字表面上看可以看出文人音乐主要指古代文人通过音乐追求的超凡脱俗的思想观念。宗教音乐体现了中国宗教信仰的多元化特点，通过对各个教派的了解，在各自的文化基础上所拥有的各自特征。民间音乐分为民歌、歌舞、说唱、戏曲、器乐，以综合艺术为主。而这些民间音乐又成为民族音乐的基础。

民族音乐成为中国传统文化的重要组成部分，奠定了重要的地位，民族音乐可以成为反映中国传统文化的镜子，我们从中可以看到悠久的历史，民族的文化和精神。

大学生应理论学习与实践活动相结合，只有做到理论联系实际，才不会"纸上谈兵"。因此，可以定期安排实践，将所学知识与音乐实践相融合，在师生共同实践学习的过程中，真正去认识中华民族传统音乐的类别与其表现形式。

教学与实践活动相结合。充分把本土音乐可以达到的引导教化效果发挥出来。因为本土音乐的作品中，可以反映出当地人民的生存状况、劳动生产、民风民俗和审美习惯。因此，教师可以结合本土音乐东北民间音乐和科尔沁草原音乐来安排实践活动。

比如说在少数民族音乐教学方面，我们可以积极开发民族音乐资源，西南少数民族地区具有丰富的民族音乐文化，民歌方面有山歌、酒歌、劳动号子等，民族歌舞方面有傣族舞、摆手舞、花灯歌舞等，民族乐器方面有象脚鼓、葫芦丝、竹笛等，这些形成了各具特色的民族音乐资源。

民族音乐资源的开发可以从以下几方面进行：引导学生收集民歌与本土民族音乐文化，并在课堂上与其他同学交流分享，活跃音乐课堂教学。在保证安全的基础上，带领学生走访民间歌手，亲身体验民族音乐的魅力。在条件允许的情况下，适当邀请民间艺人为学生表演或传授民族音乐，让学生近距离感受民族音乐。也可以让学生们参与音乐会演演出，在表演活动中感受多民族文化糅合在一起的丰富与灿烂，感受民族团结的美好氛围，体验民族风采，了解各少数民族风情，增强民族凝聚力，达到寓教于乐的教育目的。

在当今经济全球化的今天，中国传统文化受到了前所未有的冲击和影响，中国传统文化的遗失很严重，尽管政府以及社会人士群策群力保护中国传统文化，但大量的民间文化正以惊人的速度消亡。而音乐教学含有丰富的教育内容，其不单单是学习音乐技巧和名著内容，还要通过其过程享受音乐的乐趣及学习其中的背景文化和中国的传统文化。在进行审美教育的同时，动之以情，晓之以理，寓传统文化渗透于美育之中，使学生不断领悟中国传统文化的绚丽之美，自觉地加入到保护我国的非物质文化遗产当中来，是我们面临的一个重要教学课题。19世纪中叶以来，由于我国当时的国情以及西方音乐的入侵，中国传统音乐受到了重创，渐渐在人们的生活学习中渐行渐远。

随着科技时代的到来，大量的音乐曲风以丰富生动的表演形式通过媒体渗透在人们的生活中，传统音乐的现状不容乐观。通过研究，深入对我国音乐教育现状及中国传统音乐进行分析与探索，将研究的成果应用到音乐教育中。最重要的是呼唤音乐专业师生对中国传统文化的重视，通过音乐专业及学科特点，将中国传统文化与音乐教学结合起来，弘扬中国传统文化，发挥音乐教育的性质和作用，培养学生的审美观、民族意识和民族精神，更新观念，审时度势。以及得出如何传承的结论，并不是为了研究而研究。力求通过师生对传统文化的学习，能吸取中国优秀传统文化的精髓，并运用到自己的行动中去。青少年是我国的未来发展的希望，培养其民族意识及民族精神是不可忽视的。中国传统文化是我们中华民族的灵魂，是中华文明演化而汇集成的一种反映民族特质和风貌的民族文化，是民族历史上各种思想文化、观念形态的总体表征，是指居住在中国地域内的中华民族及其祖先所创造的、为中华民族世世代代所继承发展的、具有鲜明民族特色的、历史悠久、内涵博大精深、传统优良的文化。是人类发展历史上一块灿烂的瑰宝，是东方文化的集中体现。学生在音乐课堂中学习中国传统文化，必然增强其爱国情怀、民族使命感、历史责任感。音乐在学校教育中是一门比较基础的学科，是培养学生在德智体美方面成为全面人才的主要渠道，也起着其他学科无法替代的作用。中华民族传统文化的教育及推广主要渗透在语文、历史及政治等学科，在音乐课堂中往往略有忽略，在音乐教育中弘扬中华民族传统文化，发挥音乐教学的学科特点，可以使学生成为未来的主力军主动参与听、唱、学、看的实践活动中，学习中华民族传统音乐，去发现、感知音乐的内涵和意境，从中了解中华民族传统文化这块宝玉，将其传承下去。

我国的音乐教学者更应该通过音乐教育引导青少年学生维护本国家本民族文化的独特性，从而让他们承担起继承发展我国民族文化的重任。使我国悠久灿烂的民族音乐文化进一步发扬光大。

第四章

音乐教育的理念改革

音乐教育是教育的一门分支学科，兼具教育学和音乐学的学科特征。20世纪80年代以来，我国音乐教育领域产生了一系列深刻的改变，从最初对西方教学法直指人心的震撼，慢慢扩展到对音乐教育学整个学科领域的探究，音乐教育学领域开始进入空前发展阶段。本章将对音乐教育的理念改革展开论述。

第一节　音乐素质教育

随着素质教育理论研究的不断深化和素质教育实践的向前推进，以往许多违背素质教育思想的艺术教育观念和行为都遭到了人们的摒弃。我们认为，要想真正实施素质教育，实施真正的素质教育，要想让艺术教育真正体现素质教育的思想，让音乐教育在素质教育中真正发挥出自身应有的作用，我们就有必要澄清包括以下几个方面在内的关于音乐教育的一些观念问题。

一、面向全体学生是素质教育的本质属性与要求

面向全体学生是普通教育的本质属性与要求，也是素质教育的本质属性与要求。目前，我们特别强调音乐教育要面向全体学生的现实背景是，以往的音乐教育只注重培养音乐尖子，而忽视了其他学生享受音乐教育的权利和需求，这明显背离了素质教育的大方向，是错误的。但是培养音乐尖子的行为本身并没有错，错的是把培养尖子当成了学校音乐教育的全部，而使得大部分学生失去了接受音乐教育的机会，因此，我们今天强调音乐教育面向全体学生，并不是说培养音乐尖子本身就是错的，因而音乐尖子的培养就不要了。实际上，两者是相辅相成的关系，面向全体学生的音乐教育搞得好，音乐尖子才容易出现，而尖子的出现，又能在一定程度上提高面向全体的音乐教育的水平。当然，培养尖子的途径主要是课外而不是课内，培养尖子的方

法也要有别于专业音乐教育的方法，而培养尖子的目的一方面是为了推动和提高整个音乐教育的水平，另一方面也是为了保护和培养音乐特长生的音乐兴趣和爱好，这就是说，追求或变相追求升学率不应成为培养尖子的主要目标，更不要成为唯一目标。

二、强调音乐教育的审美功能

长期以来，我们总习惯于从德与智的角度去规范音乐教育的目的，去评判音乐教育的成败，去争取音乐教育的地位，而忽视了音乐教育最本质、最独特的审美功能。因此，我们今天强调音乐教育的审美功能是完全必要的。强调音乐教育的审美功能并不是否定音乐教育的辅德、益智功能，恰恰相反，而是客观科学地肯定了音乐教育的辅德、益智功能。音乐教育只有使自己真正成为审美教育，并实现审美育人功能的前提下，才能够实现其功能。而且，这些功能的实现方式是隐性的而非立竿见影的。由此可见，强调音乐教育的审美功能，也同样是在强调发挥音乐教育的辅德、益智功能，而不是不要发挥这些功能。

三、提高音乐教育在素质教育中的地位

在音乐教育不受重视的今天，音乐教育在素质教育中的地位问题显得十分重要，因为没有地位，一切都无从谈起。但是，为音乐教育争地位光靠口头呼吁、文字宣传、理论探讨还远远不够。在目前形势下，要想真正提高音乐教育在学校教育中的地位，应该同时从两个方面着力工作：一方面是客观科学地宣传音乐教育的功能和作用，或者说客观科学地为音乐教育定位，而不要人为夸大音乐教育的作用；另一方面是扎扎实实地提高音乐教育自身的水平。这两方面要一起抓，一起重视。特别要强调的是，提高音乐教育自身水平，真正为素质教育做点实事，让事实说话，也许对确立艺术教育在学校教育中的地位更有说服力。

四、既要强调课堂教学也要开展课外音乐活动

在音乐教育实践中，针对把教育重心放在课外艺术活动方面这种状况，我们强调要把音乐教育的重点放在课堂教学上，而且学校教育的性质也决定了音乐教育的主渠道只能是课堂教学。但是，在强调全力抓好课堂教学，努力提高

课堂教学水平和教学效益的同时，又不能忽视课外音乐教育活动的开展。总之，课外艺术活动必须与课堂教学形成合力，而不能使各自的影响相互抵消。

五、既要培养音乐学习兴趣也要传授音乐知识技能

艺术教育不艺术，普通教育太普通，可以说是我们中小学音乐教育的最大通病。具体说，人们往往在不经意中把音乐课上成了缺乏艺术性的纯粹的知识传授课和技能训练课，把中小学生无形中当成了没有少年儿童特点的专业艺术院校的学生。专业知识技能教学是音乐教育的一项重要内容，我们并不是反对向中小学进行必要的、基本的艺术知识技能教学。但对于中小学生来说，培养音乐学习兴趣应该比学习知识技能更为重要，而且，也只有在学生对音乐有了兴趣的前提下，知识技能的教学才能获得好的效果。因此，强调把培养学生的音乐学习兴趣作为音乐教学的最主要任务，也并不是不要传授音乐知识技能。总之，没有音乐学习兴趣，一方面个体的音乐学习将随着学校教育的结束而结束，另一方面，学校音乐教育也不可能完成既定的任务和实现既定的教育目标。

六、优化教学过程并努力获得最佳教学结果

长期以来，我们对音乐教育的评价不十分全面和科学，其中的一个突出表现是：只求结果，不看过程。就课堂教学而言，评价的重点更多地放在结果上，而不是放在课堂教学的整个过程上；就课外活动而言，评价的目光更多的是盯向比赛和获奖，而较少考虑这些结果是如何获得的。正是针对这种情况，我们才强调音乐教学一定要优化其教学过程，而对音乐教学的评价也一定要注重对教学过程的考察。强调优化教学过程的另一个重要原因是，音乐教学的特殊性也决定了音乐教学不仅要强调教学结果，更强调教学过程。因为，音乐教学如果过分或片面看重教学结果，势必会使教学过程过于拘泥，妨碍音乐创造性的充分发挥，学生的主动性、创造性、想象力等都将受到影响。事实上，也只有经历了赏心悦目的活动过程，才会有令人愉快的活动结果。强调优化教学过程并不是不要考虑教学结果，而是要获得更好的教学效果。

七、教学过程中必须注重学生的主动参与性

针对艺术教学所照搬的其他学科教学的"听讲"是知识教学模式，以及

专业艺术教育的模仿式技能训练模式，我们强调中小学音乐教学必须注重学生的主动参与，没有学生的主动参与，音乐教学就可能是名不副实的。在这里，学生主动参与的程度与教师主导作用发挥的程度是成正比的。只有教师遵循艺术的规律和学生身心的发展规律进行教学设计，充分发挥自己的创造性和主导性，才有可能启发和诱导学生主动参与到音乐教学活动之中，如果不能发挥自身主导作用而只能被学生牵着鼻子走的教师，是绝不可能真正使他的学生主动参与到音乐活动和教学之中的。因此可以说，我们现在强调学生主动参与，实际上是对教师发挥主导作用提出了更高的要求，而不是削弱了教师的主导作用。

综上所述，音乐教育是素质教育的重要组成部分，随着素质教育的全面推进，音乐教育面临着新的机遇和挑战。我们要紧跟时代的步伐，充分发挥音乐教育的特殊功能，探索在音乐教育中实施素质教育的方法和途径，为培养和提高青少年的审美素质，为培养和造就 21 世纪的人才做出不懈的努力。

第二节 生态音乐教育与跨学科音乐教育

一、生态音乐教育

（一）生态音乐教育的释义

以生态观来研究音乐教育，其客观前提是音乐教育本身也具有生态性。与自然生态系统一样，音乐教育作为一种有机整体的社会生态系统，有着自身的要素和结构、过程和功能。因而，音乐教育的生态性就是自身系统内部诸要素与其环境间的有机关联与良性互动中形成的音乐教育的生命状态。这种生态性从音乐教育的生命特性和结构功能原理中得以体现。

（二）音乐教育系统的生命特性

1.音乐教育系统最本质的特征是生命性

生命是音乐教学之根本，没有生命，音乐教育便无从谈起。首先，音乐教育的构成要素都是一种生命有机体。不仅教师和学生是作为有生命力的人而存在，就连音乐自身也是一种有机的生命形式。音乐教学活动也是通过教师和学生的生命来维系的，正因为人的生命存在，音乐教学才能有组织、有计划地进行。

2. 音乐教育本身也具有内在的生命性

音乐教育过程是一个充满生机、活力的动态过程，具有生命有机体变化的、系统的、辩证的、政治的、精神的、反思的、灵性的和富有想象力的品质。正是在这一动态过程中教师通过展示自己的知识才能、人格魅力来提升自身的生命价值，学生通过学习音乐知识技能、培养情感态度价值观，提高自身的生命质量。音乐教育不仅以人的生命本性为依据，而且还具体落实在音乐教育对师生生命发展的独特作用上，追求人的生命发展是音乐教育的终极目标。

3. 音乐教育的生命力源自它与参与者的生活的结合

音乐教育的生命力源自它与参与者的生活的结合，以及它对于参与者生活而言的必要性和相关性，从而构成了人们日常生活的一种需求。音乐教育正是在与生活的关联和互动中，获得不竭的发展动力。

总之，生命是音乐教学的基点，也是音乐教育追求的终极目标。正是音乐教育自身存在的生态性促进了音乐教育朝向生态化发展的可能。

（三）音乐教育的结构功能原理

音乐教育的结构功能原理是其自身具有的整体关联性。这种有机关联性主要体现在音乐教育系统内部诸要素之间以及学校音乐教育与外部环境之间的契合上。从系统内部要素来说，音乐教育是由教师、学生、课程、教学、评价等因素构成的一个不可分割的整体过程。在音乐教学过程中，这些因素有着不同的地位和作用，但都不可或缺，音乐教育的整体发展正是这些要素共同作用的结果。以生态的整体关联性来审视音乐教育，那种学科之间彼此隔离、目标单一的传统音乐教育不能构成完整的生态系统，不能产生新质，也无法形成良好的教学生态效益。只有各要素结构合理，实现动态的平衡，音乐教育整体系统才会获得可持续性的发展。从音乐教育与外部环境关联的角度来看，音乐教育通过系统内部与外部环境之间的物质、能量、信息的交换，促使各系统要素协调发展。在生态观的概念下构建和完善音乐教育体系，就是让音乐教育突破狭隘的学校教育范畴，让有形的学校音乐教育与无形的社区、家庭等音乐教育及影响之间形成动态的平衡发展，让音乐教育无处不在。关注音乐教育生态发展，就是要把音乐教育作为人类社会生活的一部分，既要使音乐教育内部机制良性循环，又要优化音乐教育的外部环境。让音乐潜移默化地影响和丰富学生的日常生活。

（四）音乐教学生态模式的特征

传统音乐教学的认知模式是在教师指导下有系统地传授音乐知识技能的过程，这种理性认知的教学方式是"去生活化"和"去本性化"的。而当前我国少数民族及印度、非洲等地方性的音乐文化传承模式却给我们展现了音乐学习的另一番风貌。与正规化的学校音乐教育相比，这些非主流的音乐传承模式，是在日常生活的背景中展开的，它把音乐学习与人格素质的培养、音乐知识技能的掌握与社会文化传统的继承融为一体，体现出一种与理性认识完全不同的生物学的、有机开放的音乐教学模式，这种音乐学习与生活并行的经验能给当前的学校音乐教学提供一些启示。

下面仅从音乐人类学家布莱金对非洲文达儿童音乐习得模式的实地考察为例，重新思考当前我们的学校音乐教学模式：

在生命之初的 18 个月，婴儿的大部分时间是在妈妈的背上度过的，接下来，他们会躺在同胞兄长或别的孩子背上。因此，当母亲或背他们的人在不同的生活环境中歌唱、舞蹈或做一些歌唱的游戏时，婴儿便可以听到很多歌曲并感受到有节奏的动作。喂食后，大多数母亲都会把孩子抱到胸前，同他们面对面地交流，唱歌给他们听，并抱着他们上上下下地"舞蹈"。

音乐学习的过程也是文化传统的继承过程。对于文达儿童来说，这种文化适应过程从出生就开始了。文达儿童最早的音乐习得源自家庭，家庭环境也是传统音乐文化传承的重要组成部分。音乐学习从父母及兄弟姐妹等日常生活中接触的人和音乐开始，这些音乐曲目、风格和技巧等方面是文达儿童音乐学习的第一手资料。在对这些音乐的无意识回应中，他们自己建立起对节奏、旋律等音乐词汇和音乐结构的内在感知，这些内在感知是以后进行正式音乐学习的前提。这种类似母语学习的方式是自然而然发生的过程，也是一种浸润和熏陶的过程。由此而建立的对音乐文化的适应性将为以后的音乐学习打下基础。

从非洲文达社会音乐传承的研究中可以看出，传统社会中的音乐教学更多的是与学生的日常生活体验相联系的。音乐不是他们在学校里学到的东西，而是作为社区生活实践的一部分。音乐教学多发生在不太正式的场合，是人类日常生活及交往活动中的一种自然功能。由此引发了对待音乐学习过程完全不同的态度，音乐学习不是一种抽象的符号性认知，而是把音乐的起源、发生以及创造和传承的过程在同一时空中呈现出来。这种思维和中国"天人合一"的整体性思维模式十分接近。它将人、自然和社会联系起来。注重自然性、情感性和道德性的合一。这样的音乐教学也是在一种整体化的思维和感受中把握音乐，音乐与人不再是主客二分的关系，而是在人的参与中达到和合，音乐的意义显现于参与的过程中，音乐学习与生命和生活方式水乳交融、不可分离。对于非洲音乐的审美感知，意味着身体对声音的参与，需要从视、听、动的整体身体感受中去领悟，这也是非洲整体直觉文化模式的充分写照。与当前学校音乐教学的认知模式以教师传授为主，并要求用理性思维去观照和探寻音乐世界的内在规律不同，这种基于模仿的、参与的、非文本的音乐传承方式，是意会性、直觉性和体验性的。它表明了音乐是物质与精神的统一体，体现出个体与集体存在的和谐。而当音乐变成课堂教学的符号化存在时，当直觉的音乐体验变成纯粹的理性认识时，就离音乐以及音乐教育的家园越来越远了。

诸如非洲文达社会这些非主流的音乐传承模式，体现了一种生物学的、有机开放的生态模式，给我们当前的音乐课堂教学以重大的启示意义。一方面，音乐教学活动是一种动态的文化行为，而不是纯粹静态的认知活动。与这种强调过程性的音乐学习相比，当前学校的音乐课堂教学都是直接展现一个没有任何过程的结果。对于学生来说，音乐学习的过程与音乐产生和创造的过程相脱离，音乐就成为外在化的、客体化的认知对象。所以，如何将音乐的生成、发展、创造过程及其结果都纳入学校音乐教学的过程中来，赋予音乐本身鲜活的生命感，让学生在音乐学习的过程中能够充分体验和感受到音乐的生命性，应该说是诸如非洲之类的自然习得式的音乐传承给予当前学校音乐教学的最重要的启示。另一方面，作为创造性的音乐需要认知的环境，需要学习者作为认知人从理性到感性、从智慧到经验的全部投入，自然形态的音乐传承没有了学校制度化以及标准化框架的制约和束缚，对音乐知识与技能的学习是处在特定的生成背景中的，从中能感受到一种综合的氛围，体现出音乐文化的整体感。从而证实了，只有在整体的文化智慧中认识音乐，音乐的意义才会显现。这里所说的整体就是指将音乐及其传承融入整个文化背景中加以整体感知与接受。而当前的学校音乐课堂教学缺少的也正是这种综合化的土壤和环境。因此，如何使当前的音乐教学过程更符合人的认知特点，更符合音乐的原本特性，是学校音乐教学面临的根本性问题。

（五）生态音乐教学的实施策略

生态观视野下的音乐教学是一种整体性的教学，它基于相互关联和整体性的原则，把学生个体看作身体、情感、心理、精神等诸多方面的综合体，把音乐实践活动看成一种文化活动，而不是纯粹的技术活动。对于学校音乐教育而言，音乐教学不是一个单纯地认识某些音乐概念的过程，而是借助于演奏乐器、欣赏音乐等方式来探索生命意义的发生、创造和凝聚的过程，是学生对生命内涵的体验过程，也是学生理解自我、理解文化、理解世界、理解生活的过程。因此，音乐教学应当在教师卓有成效的引导和启发下，为学生提供有助于生命充分生长的丰富而多样的音乐实践和交往的机会。充分体现人文关怀，让学生在参与和接触音乐的体验中从事音乐的学习、认知和实践活动，把学生的生命力量引发出来，使音乐学习过程成为学生生命成长的历程。基于当前我国音乐课堂教学的现状，强调学生对音乐的体验，倡导整体性的音乐教学方式，可以从下述几个方面进行。

1. 注重身体参与

在生态视野中的身体是一个有机整体。音乐教学要回归身体，就是要从传统认知方式的身心分离走向身心合一的状态，强调在音乐语境中行动而不是思考。回归到以身体为核心的生命体验和生活经验之中，在身体的参与中将音乐和人鲜活的生命融为一体，体验物我交融的整体性音乐经验，获得真正的音乐理解。回归身体的音乐教学让身体成为音乐学习的出发点，甚至是音乐学习的发生地点，并参与到学习过程中的各个阶段。这种以学生对自己身体的直接操作为特征的认知方式在发展学生的感觉意识和认知能力方面有着独特的作用。所以，这种身体化的音乐学习方式应该贯穿到学生的日常生活之中，成为他们核心的学习能力。

将音乐教育回归身体，具体在音乐教学的操作中，应将学生的感官与身体意识充分调动起来，将音乐教材从静态呈现转为动态表现。让学生在亲历的身体体验中获得整体性的音乐理解。在身体参与的音乐学习中，音乐不再是外在于个体自身的被认知的对象，而是在自己探索、体验与感悟的过程中与身心完全融为一体。个体与音乐间形成了一种创造性的共生关系，音乐教材就变成了与学生交流和对话的"文本"，可以由学生解释和发展，从而构成一个部分对象与主体，但又完全属于个人的活生生的音乐世界。在音乐教学中强调身体参与，实现了一种教学观念的转变，从过去强调对音乐知识技能的学习，转向了注重人对自身的认识，对生活意义的探讨。因而，音乐教育回归身体实际上是回归对人的关怀，回归音乐教育的文化承载。音乐学习的方式从认知转变到了生存的方式，回归了音乐教育的本真状态。

2. 创设音乐学习的生态语境

生态整体性认知的基本观点就是要把知识整合到其产生的背景和整体中，寻求彼此之间的动态联系，还原学习现象的自然和真实性。而在音乐教学中，把音乐知识背景化和整体化的方式就是创建一个真实的或虚拟真实的音乐学习生态语境，将学生置于音乐产生和应用的情境中。

（1）创设真实的音乐学习生态环境。学校的音乐课堂教学应该返回到真实的生活世界，挖掘教学资源。音乐学习生态环境的创设应该合理利用自然和社会生活坏境中的音乐现象，赋予其音乐教育的意义，让创设的音乐情境既能有助于学生理解教学内容所表达的意义，又能借助现实生活场景，调动学生已有的生活经验，从而使新旧经验之间产生融合与对话，生成新的个性化的音乐体验。具体来说，可以从日常生活中选取典型的音乐场景，比如民俗活动、社区的音乐表演活动等都是很好的音乐学习情境的资源，还可以选择与当前教学目标有关的音乐活动。在观看或者参加音乐活动之前要围绕教学目标给予学生相关指导，做到有的放矢。比如，在音乐厅活动中，教师预先向学生介绍一些音乐厅的常识，介绍演奏家的背景经历以及要演奏的作品，当前评论家们对这些作品的评论，还可以预先在课堂中给学生听一些相关的音响资料，甚至要求学生在观看或者参与音乐活动的过程中记录自己印象最深的方面，比如音乐本身的特征等。这些做法都可以激发学生的审美期望，让他们在音乐活动中带着问题和思考进行。活动结束后一定要讨论，只有通过讨论，在与别人的对话和交流中进行反思，学生才能真正意识到自己在活动中收获了什么。

（2）虚拟音乐学习的生态环境。虚拟生态环境的创设对于当前音乐课堂教学的实际操作来说更为常见。虚拟生态环境的创设是根据课堂教学的实际需要，由教师与学生一起，借助多媒体、图画、语言等手段，围绕音乐学习的内容，有计划、有目的地选择、设计、构建和创造适用于音乐活动主体、教学目的和过程、教学条件的环境和氛围。这种音乐学习环境主要是预设的，比如，提前布置一个与音乐教学内容和方式相关的课堂环境，就是一个典型的例子。一个布置得当的教室，能营造出特有的氛围，它如同"磁场"一般，自动地向学生释放与音乐教学内容相关的各种信息。音乐课堂环境的营造更有助于理解陌生的音乐文化，这一点，对于世界音乐教学来说，尤为重要。

对于具体的情境设计，可以根据教学内容的需要进行多样化的尝试。比如，创设游戏情境，将课程内容以生动活泼的游戏形式呈现在学生面前；创设问题情境，让学生借助相关学科的学习经验探索问题、解决问题等。总而言之，所创设的音乐生态环境在一开始就应具有吸引人的魅力，能引发学生参与音乐活动的热情、探究音乐活动的冲动和欲望。音乐情境的展开过程应是师生间、生生间的情感投入，互动交流与对话的过程。教师应能积极地利用和创设与学生生活密切联系、注重生活实践的音乐学习环境，把培养学生的自主活动和思考能力、积极参与和体验放到重要的位置，使学生不仅学会相关的音乐知识内容，还能学会如何学习。当前，音乐课堂教学大多呈现出一种知识性灌输的倾向，这样的音乐学习很难让学生将课堂所学的音乐知识技能灵活自主地运用到课外的音乐生活实践中。实际上，只有当学生能将课堂所学的音乐知识技能转换成自己的学习能力时，才能真正地在现实的音乐生活中有意识地运用这些能力。根据音乐文本创设的教学环境，会让音乐教学成为一种课堂生活，让音乐学习成为课堂中的一种生活方式。在这样的氛围中，学生在积极的情感驱动下主动地展开学习，不断与音乐文本对话交流，在增进音乐理解的同时，音乐能力也得到历练与养成。

（3）倡导群体协作。教育基本上是一个社会性的、人际间的交往过程，而交往的发生在很大程度上是个人与他人之间，以及人与社会文化环境所提供的产品之间的互动。传统的以教为主的音乐学习环境表现为个人主义，缺乏集体性。教师以同样的方式去教，学生以各自的方式去理解。这种"个体户"式的音乐学习成为发生在个人头脑中的事，忽视了课堂中各种关系的互动和生成，忽略了学生自我同一性的养成，因而是生态失衡的。从生态整体观来看，学习本身就是一个融合了不同层面的整体活动系统，而不是孤立的程序化的活动，它发生在个体与群体的互动交往中，二者相互渗透、相互结合、相互生成。正如当代社会生物学所认为的那样，自然选择的单位是群体，而不是个体，进化总是共同的进化，因此学习也往往是共同的学习。个体通过观察、模仿、讨论以及他人的指导训练等多种方式，与群体中的其他成员交往、合作与对话。在这种共同的学习中，群体为个体提供滋养和支持，个体则为群体知识的积累做出贡献。在这一过程中，个体不仅建构和理解了知识的意义，而且也型塑了自己在群体中的身份，逐步养成了健康的主体性，完善了自我。

人类的学习更多的是一种群体性的学习，社会性是人类学习的根本特征。音乐人类学博士赖利斯·琼斯·克鲁泽尔对津巴布韦儿童歌曲习得的研究表明："在津巴布韦中心的 Narina，每个人的音乐能力的获得具有受社会生物环境作用的特征。音乐几乎与语言一样对模仿和非正式的文化传递有效，并被证明是最为理想的音乐发展。他们从出生就有机会感受和创造音乐，通过参与音乐制作和非正式的过程学习音乐，这些几乎完全是自愿的而非通过任何形式的系统训练。在 Narina 社区生活中，对音乐的开放程度不变，没有一个孩子玩唱歌游戏时没有伙伴，所有孩子都被要求能够唱歌和跳舞。这些事实说明音乐学习的结果受制于社会生物环境的作用。"像非洲等社会文化中的传统音乐传承中，音乐学习通过相互间的模仿、观察、直觉的方式完成。这样的音乐学习是在经验生活世界中的一个社会现象，是在作为集体成员的参与过程中自然产生的。在合作交流中，音乐知识是由直觉获得的，而非正式的"学会"，通过这种方式，个体音乐能力提高的同时明白了社会文化习俗，塑造了自己的群体身份，比直接的教学指导传递的知识包含了更多的内容，收到了最佳的学习效果。因此，学校的课堂音乐教学应该给学生提供群体协作共同学习的机会，让学生在参与群体音乐活动的过程中，形成一个个体与群体互动交往的整体，在短时间内达到共同目标。

具体做法可以采用合作式学习，把全体学生分成几个"能力交混小组"。在编组的时候，可以按照音乐素质、音乐能力和性别的不同划分小组。每一组中可以将两种或多种不同能力水平的学生编在一起，使小组内的成员之间有一定的互补性，在相互支持和配合的过程中，能积极地影响和促进同伴的学习。同时，组与组之间也能形成一种生态互补的合作关系。然后，确立小组讨论的主题，呈现教学内容。接下来，组织好各组的讨论，鼓励每个小组说出自己的见解，形成组与组之间不同观点的碰撞和交流。比如，围绕"歌曲演唱的处理"这一主题，各小组可以自行讨论设计演唱的形式、编创表演动作、制作道具、选择伴奏乐器。可以采用游戏式的小组竞赛等形式，增加音乐学习的趣味性，让各种能力和水平的学生都有机会参与表现，培养集体荣誉感。最后，要进行小组评价，在讨论和反思中寻求提高学习效果的有效途径。这样的小组学习，既重视个人创造，又重视集体活动，既可以培养学生的对话精神，又可以培养他们的合作意识，学生在合作学习中解决困难、分享经验，共同完成学习目标，因而是生态化的音乐教学活动必不可少的环节。

二、跨学科音乐教育

（一）跨学科的释义

跨学科作为教育学术语，有两个层面的含义。首先作为名词是交叉科学，指的是与交叉科学在同等意义上使用的，因此，许多人也称跨学科为交叉科学。具体而言，是指专门学科的综合科学含量，每一门科学，都有它的跨学科性（包含其他的科学范畴）和跨学科发展。

跨学科的目的主要在于通过超越以往分门别类的研究方式，实现对问题的整合性研究。近年来一大批使用跨学科方法或从事跨学科研究与合作的科学家陆续获得诺贝尔奖，再次证明了这一点。就其深刻性而言，跨学科研究本身也体现了当代科学探索的一种新范型。目前国际上比较有前景的新兴学科大多具有跨学科性质。

简单地讲，跨学科研究，即打开现代学科划分形成的学术研究壁垒，以开放的学术视野进行学术研究。

（二）跨学科音乐教育的意义

音乐是人类最古老、最具普遍性和感染力的艺术形式之一，是人类通过特定的音响结构实现思想和感情表现与交流的必不可少的重要形式，是人类精神生活的有机组成部分。音乐作为人类文化的一种重要形态和载体，蕴含着丰富的文化和历史内涵，并以其独特的艺术魅力伴随人类历史的发展，满足人们的精神文化需求。对音乐的感悟、表现和创造，是人类基本素质和能力的一种反映。音乐课程是人文学科的一个重要领域，是实施美育的主要途径之一，是基础教育阶段的一门必修课程。

音乐课程是以音乐审美为核心的课程。包括感受与欣赏、表现、创造、音乐与相关文化四个领域，这些教学领域都与可持续发展教育联系紧密。音乐课程注重以人为本的教学理念，学生是音乐学习的主体，音乐课程正是从学习者的角度出发，关注学习者的兴趣、态度和需要，突出学习活动的整体性和综合性，以利于每个学生的成长和需要，使学习者能够清晰思考，有效交流，理解人类环境，知晓社会发展，具有终身学习的意识和能力。

1.使音乐类课程教育实现可持续发展

（1）将音乐课程与社会、文化、环境、经济领域中的可持续发展教育素材进行恰当融合，通过教学及各种生动的音乐实践活动，培养学生爱好音乐的情趣，帮助学生更好地理解、感受、表现音乐作品，于潜移默化之中建立起对亲人、对他人、对人类、对一切美好事物的挚爱之情，培养学生正确的审美意识与能力，进而使其养成对生活的积极乐观态度和对美好未来的向往与追求。例如，歌曲《国旗国旗真美丽》通过音乐作品中所表现的对祖国的歌颂和热爱的情感，可使学生树立民族自信心，增强民族自豪感，弘扬中华民族精神，增强社会责任感。

（2）让学生在亲身参与音乐活动的过程中喜爱音乐，掌握音乐基本知识和初步技能，逐步养成鉴赏音乐的良好习惯，发展音乐感受与鉴赏能力、表现能力和创造能力，并通过音乐了解社会与自然现状和问题。例如，歌曲《小雨沙沙》，教学中通过学习与"雨"相关的音乐作品，可引导学生了解现代社会水资源危机日益严重，说说如何利用雨水解决水资源缺乏问题。

（3）在音乐实践活动中，培养学生宽容理解、互相尊重、共同合作的意识和集体主义精神，使学生尊重不同国家、不同民族、不同时代的作品，理解多元文化，热爱中华民族和世界其他民族的音乐，进而提高音乐文化素养，丰富情感体验，陶冶高尚情操。例如，在欣赏《杜鹃圆舞曲》的过程中，引导学生理解和尊重其他国家的音乐文化，通过音乐教学使学生树立平等的多元文化价值观，以利于我们共享人类文明的优秀成果。

2. 音乐课程的跨学科可以拓展学习领域

音乐课程包括"感受与欣赏""表现""创造""音乐与相关文化"四个领域。这些领域均存在实施可持续发展教育的空间，也与可持续发展教育相关领域的目标是吻合的。

感受与欣赏是重要的音乐学习领域，是整个音乐学习活动的基础，是培养学生音乐审美能力的有效途径。良好的音乐感受能力与鉴赏能力的形成，对于丰富情感、提高文化素养、增进身心健康具有重要意义。教学中应激发学生欣赏音乐的兴趣，养成聆听音乐的良好习惯，逐步积累鉴赏音乐的经验。采用多种形式引导学生积极参与音乐体验，鼓励学生对所听音乐有独立的感受与见解，帮助学生建立起音乐与人生的密切联系，为其终身学习和享受音乐奠定基础，促进其全面发展。

表现是实践性很强的音乐学习领域，是学习音乐的基础性内容，是培养学生音乐表现能力和审美能力的重要途径。教学中应注意培养学生自信的演唱、演奏能力及综合性艺术表演能力，发展学生的表演潜能及创造潜能，使学生能用音乐的形式表达个人的情感并与他人沟通、融洽感情，在音乐实践活动中使学生享受到美的愉悦，受到情感的陶冶。

　　创造是发挥学生想象力和思维潜能的音乐学习领域，是学生积累音乐创作经验和发掘创造思维能力的过程和手段，对于培养具有实践能力的创新人才具有十分重要的意义。音乐创造包括两类学习内容：其一是与音乐有关的发掘学生潜能的即兴创造活动；其二是运用音乐材料创作音乐。其中第二类内容与音乐创作有关，但区别于专业创作学习。音乐与相关文化是音乐课人文学科属性的集中体现，是直接增进学生文化素养的学习领域。它有助于扩大学生的音乐文化视野，促进学生对音乐的体验与感受，提高学生音乐鉴赏、表现、创造以及艺术审美的能力。它虽然在某些方面有自己相对独立的教学内容，但在更多的情况下，又蕴含在音乐鉴赏、表现和创造活动之中。为此，这一领域教学目标的实现，应通过具体的音乐作品和生动的音乐实践活动来完成。

　　3. 有助于提高学生的综合分析问题及解决问题的能力

　　目前，社会、环境、经济可持续发展中涉及的问题具有复杂性，如果只是就事论事，不能从根本上认识问题，是无法让学生从本质上全面了解可持续发展问题及其涉及的范围的，也无法让他们认清可持续发展问题中相互作用的各种因素及产生的后果和影响。这样就不能使学生形成良好的综合分析问题的素养，对问题解决难以产生有效的作用。一般而言，音乐教师是受过某一领域专门训练的人才，可持续发展教育无法要求，也不可能期望他们成为具有所有领域知识技能的全才。因此，一方面应加强音乐教师跨学科实践的培训，加深理解可持续发展问题的复杂性，掌握应付复杂的可持续发展问题的最基本的知识与技能；另一方面应在课程改革中鼓励音乐教师在适当的情况下，进行跨学科实施可持续发展教育的教学实践。从小培养学生整体认识问题的意识和协调、持久地解决问题的技能。

（三）跨学科音乐教育的研究方向

　　就音乐实践活动来看，人类音乐实践社会分工的日益细化，音乐学研究的不断深入，使音乐学科呈现出高度细化和专门化的趋势，就目前比较通行的分类来看，音乐学可分为历史音乐学、体系音乐学和民族（人类）音乐学几大块，各大块之内又可作更为细致的层级划分。

　　音乐学科呈现出的高度细化和专门化的趋势，实际上存在着利与弊的两面。其利：由于音乐学科的高度细化和专门化，促进了音乐学科局部领域研究的深入展开，从而在整体上推动了音乐学科研究的纵深发展。其弊：同样是由于音乐学科高度细化和专门化，久而久之，会导致音乐学各研究领域之间横向关注的不足，使音乐学各领域的研究忽略了对音乐整体性的观照，忽略了对音乐艺术与其他人文学科和自然科学领域之间的整体性观照，导致研究视野的狭隘、研究方法的单一、研究内容的陈旧、研究结论的片面。

由此，为了避免由于学科高度细化而导致的上述问题，音乐学跨学科研究（所谓的"跨界"）问题的提出就显得非常有必要了。

音乐学跨学科研究主要从以下几个方面展开。

1.音乐学内部学科间的理论、方法上的跨学科融合

这个层面的跨学科是指音乐学内部各子学科的研究在理论、方法上与相关子学科的借鉴、融合。比如，上述于润洋先生提倡的"音乐学分析"就是属于这类跨学科研究的融合，这种跨学科融合并没有把音乐史学、音乐美学和音乐分析学消解掉，而是拓展、深化了各自学科的研究广度和深度，促进了各自学科的发展。

2.音乐学和其他人文学科间的理论、方法的跨学科融合

这个层面的跨学科研究是指音乐学科与其他人文学科之间在理论、方法上的借鉴、融合。音乐学现有的音乐史学、音乐美学、民族音乐学、音乐心理学、音乐社会学等子学科，实际上都属于在音乐学科发展中借鉴、融合相关人文学科的理论、方法的产物。作为上述子学科的研究，应紧密关注史学、哲学、美学、人类学、心理学、社会学的研究前沿，及时把相关的新理论、新方法有机融入本学科的研究，促进本学科在研究观念、研究方法、研究内容上的更新，推动本学科研究的深化和发展。同时，对一些还未被我国音乐学界关注的一些新理论、新方法，应根据音乐学研究问题的需要适时地引入本学科的研究领域中，从而促进本学科研究领域的拓展和深化。

3.音乐学和自然学科跨学科融合

这个层面的跨学科研究是指音乐学科与自然学科之间在理论、方法上的借鉴、融合。乐律学、声学、音乐治疗、音乐心理学（其中的实验、实证方法）等都属于这一类跨学科产物。这些子学科的研究，应紧密关注相关自然学科的研究前沿，及时把相关的新理论、新方法有机引入本学科的研究中。

在借鉴相邻学科的理论、方法时，不应该忘记音乐学跨学科研究的目的。音乐学跨学科研究的目的是把相邻学科的理论、方法有机融入音乐学研究中，

从而促进音乐学研究问题的有效解决。合乎这个目的的跨学科研究就是好的，否则就是不太好的，甚至是不好的。

第三节　建构主义视野下的音乐教育新观念

建构主义是一种关于知识和学习的理论，强调学习者的主动性，认为学习是学习者基于原有的知识经验生成意义、建构理解的过程，而这一过程常常是在社会文化互动中完成的。建构主义的提出有着深刻的思想渊源，它具有迥异于传统的学习理论和教学思想，对教学设计具有重要指导价值。

一、师生观的转变

教师和学生是教育、教学活动中的两个重要因素，如何看待教师和学生在教育和教学活动中的地位和作用以及师生之间的相互关系，一直都是古今中外的教育理论和实践工作者们争论的焦点之一。建构主义视野下这种全新的学习方式的提出和推广，不但冲击了传统的教育教学观念，而且进一步明确了教育活动中教师和学生的角色，重新建构了符合时代发展要求的师生关系。建构主义学习在强调学生的主体地位的同时，并没有忽视教师的作用，而是对教师提出了更为严峻的挑战。

（一）教师传统观念的转变与角色定位

1. 教师传统观念的转变

观念的转变是一切变革中最内在而且具有前提意义的条件。教育的变革同样如此。在现实的教育教学中，教师能不能从根本上接受建构主义视野下的学习这种全新的教育方法、教育模式和教育策略，首先要从教师思想观念的转变开始。

传统的知识观使许多教师对教学的认识也停留在表面上：把掌握知识本身作为教学的目的，把教学过程理解为主要是知识的积累过程，教师在教学过程中是绝对的权威，教学模式是教师讲、学生听，学生以模仿、练习和背诵为主要学习方式，学习的效果以知识掌握的数量和精确性作为评价标准。在这样的教学观念的指导下，教师只是对教材和教案负责，学生只要完成考卷和获得标准答案就可以了。教学活动反对学生做书本和分数的奴隶，要求学生主动地探求知识，有意识地提炼和加工众多信息、搜索多种设计方案和多种可能性的答案。因此，也要求教师实现由传统的知识教学观向培养学生学会学习的教学观转变。

教学观的转变应体现在以下几个方面：首先，认识到教师的教学风格要趋向于民主，教师的权威将不再是对知识的垄断，是教师本身的人格魅力与工作作风；其次是体会到教师的教学方式要变得更为灵活，死记硬背与题海战术既无法应对日益革新的考试，更无法应对日新月异的科技发展，教师对学生的教学应注重在引导学生面对大量信息时，去充分思考与判断，而不再是对知识的记忆；再次，明确教师的功能正在发生转变，知识的传授并非教育的本质功能，教育的最终目的已转变为提高学生的创新能力与实践能力。

2.教师的角色定位

"教师的职责现在已越来越少地传递知识，而越来越多地激励思考，除了他的正式职能外，他将越来越成为一位顾问，一位交换意见的参加者，一位帮助发现矛盾论点而不是拿出现成真理的人。他必须集中更多的精力去从事那些有效果和有创造性的活动：互相影响、讨论、激励、了解、鼓舞。"《学会生存——世界教育的今天和明天》中关于教师的这段话恰到好处地点明了现代教育中教师的角色。构建主义视野下的教学对于教师的基本要求同样已不再是准确、清晰和有条理地讲解知识，而是科学和富有艺术性地指导学生的学习活动。

教师的首要角色是指导者。学生的实践活动不是自发产生的，而是教师精心策划与指导的结果。教师在构建主义视野下的指导作用具体体现在下述几个方面。

（1）引导学生主动学习。在启动阶段，教师要为学生的学习创设情境，自然地引导学生发现要研究的问题。教师及时地对学生发现的问题进行分解和细化，指导学生确定研究的子课题，使学生明确研究的目的和意义，避免学生选题的盲目性。

（2）有效地推动活动顺利展开。在学习活动开展的过程中，教师要为活动提供丰富的社会生活背景，指导学生如何获得相应的资料，如何整理与筛选资料；随时了解活动的进展情况，观察学生在活动中的表现，及时发现问题，进行鼓励与指正，保持学生活动的热情与研究的兴趣；捕捉活动中有价值的教学因素，引导学生深入持久地研究问题。

（3）及时组织学生对活动成果进行总结讨论与反思。在学习活动开展的过程中，教师要及时组织学生开展阶段性的小结工作，及时记录活动的体会和感想，在活动结束时开展整体性总结工作，启发学生对活动的过程和成果进行讨论与反思。营造有利于讨论的气氛，帮助学生流畅地表达，协助学生疏通思想，理清思路，引导他们进行抽象和概括，找出活动的成就和不足，与学生们一起交流活动体验、分享活动成果。

教师在对学习的指导内容主要是在基础知识、科研方法、科研思维和心理素质等方面上，教师不能越俎代庖，过多干涉学生的学习活动，也不能放任不管，袖手旁观。

教师不仅是学习中的指导者，同时也是学习中的学习者。学习对教师诸方面的挑战使教师从内心意识到自身在知识、能力上的不足，从而产生了继续学习、完善自我的强烈愿望。这种愿望正是信息化社会终身学习的要求，教师在教学过程中自身各方面知识和能力都得到提高，与学生共同进步，成为终身学习的带头人。教师自觉地做一名学习者，同时也是促进教育自身发展的需要。复杂的教育过程和差异性极大地决定了教育活动永远是变化着的，不可能用一成不变的固定模式去解决其中出现的问题，教师只有不断地学习，不断地研究、探索，才能找到解决问题的恰当方法。教师在指导学生进行学习的同时，自己也开展教育科研工作，不但能解决具体的教育问题，同时由于对研究的完整过程有了深刻体验，因此指导学生用起来也会更加得心应手，从而促进教育教学工作的开展。教师只有先成为好的学习者，才能成为真正好的指导者。

（二）学生观的转变与角色

1. 学生观的转变

不只是教育专家们头脑中才存在学生观，一般的教师都有其对学生的特定看法，他们的学生观可能是不明确的、不系统的，但它毕竟是客观存在的，只是教师们没有意识到而已。教师们的学生观会直接影响教育活动的目的、方式和效果，影响对学生施教的态度、情感，影响教育手段的选择以及教育的价值取向等。在传统的教学中，虽然教师们都承认学生是教育的对象，是教学的主体，但在真实的教学情境中却不能充分信任学生的学习能力，事先替学生安排好一切，将现成的东西"喂"给他们，学生的主体性并没有得到充分的尊重与发挥，观念上仍然认为学生的心灵是"白板"，头脑是被动接受知识的"容器"。

在建构主义视野下的学习中，学生是学习活动的发起者、行动者和作用者，教师敢不敢放手让学生去学习去研究，先要科学地认识自己的学生。

（1）学生是发展中的个体。这里的发展，是指各方面的全面发展。从人性角度看，包括人的自然属性、社会属性和精神属性的发展；从个体身心方面，既包括个体活动的生理机制的变化，也包括心理机制的发展；从个体与社会关系的角度看，包括社会认知、社会技能、社会适应性等方面的发展……总而言之，学生的发展是人的基本素质要求的每一个方面都获得发展。学生的发展还具有不成熟性和阶段性，要求教师能正确认识学生在求知过程中所犯的错误，抓住发展的关键时期。教师还要看到学生发展的巨大潜能，并且创造潜能得以最大限度开发的有利环境。

（2）学生是教育的主体。尊重学生的主体地位并非一句空话，学习是一个主动的过程，学习者不是信息的被动接受者，而应该是知识获得过程的主动参与者。学生随着自我意识的形成和不断增强，他自身就有强烈的自尊自信和追求知识的自觉性，有自主思考、自主选择和自我判断的能力。

（3）学生是有差异的个体。青少年的年龄特征与身心发展特点决定了学生具有与成人不同的个体差异性。每个学生在个体心理结构上存在着差异，在阶段水平发展上存在着差异，不同学生间家庭背景、生长环境、知识准备、兴趣爱好、智力水平、行为习惯等各方面都存在差异。传统教学整齐划一的教学目标、教学内容往往忽视了这些差异，造成了教学效果的低下。教学中将学生的这些差异作为学生发展的基础和前提条件，使每个学生的发展都是个性的张扬和全面发展的个体以及两者的高度统一。

2. 学生的角色

学生是学习活动中的主体，这一点已成为教育工作者的共识。但在传统的学习方式中，学生的主体性体现得并不明显，建构主义视野下的学习调动了学生主动学习的积极性，促进了学生主动、独立、充满个性的发展，使学生的主体地位得到了最大限度的发挥。

（1）自主学习。在教师的指导下学生自主的学习活动。学习的目标、程序和计划都由学生自己确定；学生通过独立思考，自主探究知识的发生过程，在探索中独立发现问题、解决问题，得出科学的结论；对自身的学习目标、策略、方法、计划进行自我反思与评价，自我调控学习进程，激励自己战胜困难。学生在整个研究过程中都处于一种紧张、积极、活跃、兴奋的状态，从选题到制订计划，再到收集资料，最终到成果的呈现，无不渗透着他们的辛勤劳动与积极思考。

（2）参与合作。建构主义视野下学习的课题往往不是一个学生凭他个人单独的力量就能很好地完成的，大多数情况下需要学生之间积极地合作、共同完成。在讨论、走访、调查、实验等一系列的集体活动中，学生们能充分体验到相互关心、相互支持、团结合作的精神以及这些精神所产生的巨大效果。通过小组合作等一系列有效的组织方式，既能使每个学生的特长得到最大限度的发挥，同时也培养了学生的合作意识和团队精神。

（3）兴趣激发。兴趣是学习动机中最现实、最活跃的因素，只有学生对学习感兴趣，才能有效地激发他学习的积极性、持续性、深入性和创造性，推动他在学习中获得成功。在建构主义视野下的学习中，课题的确定都是学生们根据自己的兴趣爱好自主选择的，因此，学生对课题的探索始终能保持巨大的内在动力，能充分调动学习的积极性、求知欲和探索性热情，并能增强克服困难的勇气和信心。

二、知识观的转变

在传统的教学过程中，教师教授现成的知识给学生，学生被动地接受知识；知识的学习过程主要是记忆过程；知识的学习是强制性的；知识的学习追求标准答案，重结果而不重过程与方法。这一系列的特征隐含了以下知识观：知识都是确定的、正确的，是绝对真理；知识是预设的、静态的、永恒稳定的。这种知识观将知识看成一成不变的真理，相信它不仅能够解释过去，而且能够支配未来。许多教师怀着这样的一种知识信念，在教学中强调记忆、模仿和大量的练习，以讲授、灌输的方式将知识传递给学生，教师自认为是知识的权威，在教学中常常自觉不自觉地形成教师对学生的权威性，学生也形成了对教师的依赖性，学生与生俱来的独立性、怀疑性和创造性不但得不到尊重和发展，反而被销蚀得越来越少。

究竟什么知识最有价值？在21世纪的今天，教师要重新审视自己头脑中固有的知识观。随着人类知识进化步伐加快和人类认识的深入，人们越来越体会到了知识真正所具有的一些特征：知识是动态的而非静止不动的；知识是认识的结果，更是认识的过程；知识不是封闭的、独立的，而是综合化的体系；知识不是绝对的真理而是对事实概念等的描述，这些描述随着人们认识的深入在不断地更新和扩展；知识学习是无止境的，学习的关键不在于强制性地记忆大量的知识，而在于掌握获取知识的方法；在知识爆炸的时代，试图拥有所有的知识已经完全没有可能，怎样选择知识和怎样获取知识比拥有具体的知识更重要……只有在这种知识观的指导下，教师在教学中才会不再强调把确定的事实、独立的概念当作教学的目的，而是更强调它们的手段意义，才能重视知识的发现过程、强调独立解决问题的能力和主动探究的精神。

三、合作学习观

（一）建构主义视野下师生关系的主要特征

教师必然充分注重交往的价值，尊重学生，用民主、诚恳的态度对待学生，以激发学生的独立性、自觉性；必然善于以各种适当的方法接触和引导学生，注意研究学生的生理、心理特征，能站在学生的立场考虑问题，理解和尊重学生的兴趣爱好、思想感情，相信学生的能力，肯定他们要求上进的愿望。在这类教师的指导下，学生对老师敬佩、亲近、信服、容易接受教育；敢于发表自己的观点和流露自己的情感；自尊；求知欲强；社会参与意识强；能力得到充分培养。因此，对学习起促进作用的师生关系应该以开放、平等、双向流动为其主要特征。具体体现在以下几个方面。

1. 从教学计划来看

在学习中师生共同参与、讨论，共同选定要研究的课题，确定学习的目标，并共同探讨拟定学习计划。

2. 从学习方式来看

学生完全控制了学习的主动权，教师积极地参与进来，给予指导，提出意见供学生参考，启发引导学生，学生在学习时可以随时提出自己的见解和评论，并与教师交流。

3. 从教学秩序来看

学生既能与同伴互相合作，也能积极配合。

4. 从教学气氛来看

教师充分尊重学生、信任学生，师生之间融洽友好，教学气氛轻松、活泼、愉快，学生学习的兴致高，对学习的成功很有信心。

5. 从学习效果看

教师并不严格监控学生的学习，只是提出要求并引导学生努力求学，学生自觉、主动地学习，学习的效果很好。

从以上诸多方面我们可以看出，在学习中，教师与学生之间的交往通过平等的对话进行，双方都可以积极自由地思考、想象和创造，共同探索研究，这里没有"权威"，没有压抑，也没有紧张、冲突。师生之间的互动处于一种愉快、融洽的氛围之中，师生在教学和学习活动中表现出目标一致、思想相通、情感融洽、教学相长的良好状态。学生从中获得愉快的情感体验，产生强大学习内驱力，能够充分发挥自主性、能动性和创造性。

这样一种师生关系具有民主型师生关系的特征，既有利于教师组织教学活动，更会对学生的学习和发展产生积极的影响。

（二）建构主义视野下师生关系建构的主要策略

在学习中要建立起以开放、平等、双向流动为主要特征的新型师生关系，并不仅仅是师生之间的事，需要多方面的共同努力，需要有社会的大力支持、家长的积极参与和学校的有效组织。但是在其中起着关键性作用的还是教师。为了构建良好的师生关系，以促进学习的开展，教师在指导学生进行学习的过程中要注意下述几点。

1. 贯彻民主平等的教学与学习精神

在现实的师生关系中，教师往往容易忽视学生的民主权利，导致师生关系出现不平等的现象。因此，民主应该是在新型师生关系的建立和改善过程中最先受到强调的一个特征。它要求在教育过程中教师和学生以平等的身份共同参与学习活动，师生之间互相关爱、理解、信任、尊重。遇到问题时，师生都能设身处地地为对方着想。教师有意识地把自己融入学生中，以一种平等、开放、民主的心态与学生交往，使之成为了解学生、教育学生的一个重要途径。教师还要一视同仁地对待每个学生，尤其要以人格平等的态度对待暂时落后的学生，注重发扬民主平等的精神，鼓励学生发表不同的见解。

2. 营造和谐融洽的教学与学习气氛

在学习实施的过程中，教师要做到亲切自然，才能使学生兴趣盎然。教师注意掌握新时期学生的特点，加强新时期学生文化的研究，才能更好地对学生进行指导，使其在价值观念等方面达到师生趋同。师生之间不但要有知识上的交流，还有情感上的交流。教师灵活地运用各种教学手段调动学生的积极性，鼓励学生与学生之间互相支持、帮助，促使学生主动接受教师的指导。师生之间没有情感上的距离，学生乐意与教师交往、沟通，把教师当作自己的朋友，尊重教师的教学劳动，教师真诚地帮助学生解决学习过程中遇到的各种困难，从而形成和谐融洽的教学与学习氛围。

（三）注重交流与合作的教学与学习方法

改变传统学习方式中学生与学生之间、学生与教师之间缺少交流与合作的封闭做法，使学习成为师生共同探索真理的过程，教师不再是教育活动中唯一的组织者，而是与学生一道成为活动的主人。学习内容由师生共同感受、共同分析、共同讨论、共同研究，从而共同完成教学任务，达到教育的目的。培养师生之间互相关心、彼此帮助、共同进步的集体精神。教师鼓励并帮助学生与学生之间进行交流与合作，使学生意识到成功的学习不是凭借单独一个人的力量就能完成的，而是同学之间、师生之间进行良好交流、合作的结果，培养起学生尊重他人，善于向他人学习与合作的良好品质。

在学习中，要建立良好的师生关系，可以说没有一种适合于所有教师和所有教学情境的方法，也没有一个可以套用的统一模式。从根本上来说，在现实的学习情境中，教师只有积极探索，主动更新自身的观念系统，提高自身的能力素质，改进现有的教学方法，才能建立起适合各自教学的师生关系。如果教师不能克服传统的偏见，固守头脑中长期积淀下来的专制思想观念，教学能力和管理能力方面无法驾驭开放的课堂，良好的师生关系不能从根本上建立起来，学习活动也无法真正有效地开展。

第四节 "母语"化基础音乐教育的实施

"母语"音乐教育是以本民族各个地区不同音乐风格内容组成的，并有着本民族文化精神、心理、行为、艺术、思维方式、审美理想及价值等深厚的文化哲学基础。从世界各种文化母语语言的教学来看，任何完整的体系性的语言教学，必须包括听、说、读、写、译。因此，"母语"音乐教学也包括听、说、读、写、译，听读（如本民族音乐视唱练耳）训练，说写（以本民族音乐文化创演概念、语法结构）概念，译（本民族音乐音响的思维、文化哲学解读）。学习本民族音乐不仅仅为音乐教学中的"装饰"，它应该是在多元文化教育思潮下，独立于西方音乐教育体系的。因此，母语音乐教育不同于"民族化教学"的本质在于，"母语"教学必须是体系性的，是独立完整的，而不是西方音乐体系的附属或补充。

　　当前，要强化基础"母语"音乐教学不再局限于个别课程的改革，而要从建立"以中华文化为母语的音乐教育体系"的战略高度出发，树立民族音乐文化在中小学音乐教学中的主体地位。

一、在音乐教学中充分利用传统音乐文化资源

　　《音乐课程标准》指出：中国传统音乐是民族文化的重要组成部分，要善于将本地区民族民间资源运用在音乐教学中，使学生从小就受到民族音乐文化的熏陶。民族音乐文化资源是现代音乐教育立足发展的根基，是多元化教育的一个组成部分。引进民族音乐文化资源是中小学音乐教学进行"母语"音乐教育不可或缺的手段，京剧进课堂就是很好的一例。

　　（1）通过当地的音乐教育结构，采访收集当地的民族音乐文化资源，如地方戏曲、乡村小调等。将其引进到中小学音乐教育之内，让学生了解、掌握、感受当地的民族音乐文化，培养他们对民族音乐的兴趣。

　　（2）将民间艺人和当地的表演艺术家作为软件资源引进中小学课堂，进行授课，以"口传心授"的方式，将他们自身最具特点的民族音乐演唱、演奏专长传给学生们，是充分利用民族音乐文化资源的另一种做法。

　　（3）积极挖掘本地的民族音乐文化资源。由于经济发展的不平衡，造成城乡、农村中小学的教学设备的差别。农村中小学的教学设备虽然落后，但我们可以挖掘身边特有的音乐资源，除了引用当地的民间曲艺、小调，还可以利用自然资源，在农村广阔的天地中小学生天天接触和谐的自然风景，随时可以听到鸟儿鸣唱等这些来源于生活的音乐文化资源，如果能将这些自然的因素引入当地中小学音乐教学，那将是对音乐文化资源充分的利用。

二、在音乐教学中利用"母语"音乐文化编撰音乐教材

　　教材是实现教育目的的重要工具，是提高教学质量的关键。当前，中小学使用的音乐教材，也安排了一定比例的民族音乐内容，还有在教材的后半部分增加了本地乡土音乐的内容。但由于诸多原因，使我国中小学音乐教材的使用率很低，尤其是"母语"音乐教学还没有得到重视。为确立民族音乐文化在中小学音乐教学中的主体地位，我们必须根据自己的实际情况，编制

自己使用的教材，尤其是编制一些含有本地区的地方音乐的"母语"音乐教材，让学生在自己熟悉的音乐环境中学习音乐，接受民族音乐的熏陶。编制"母语"音乐教材需要注意：思想性和教育性相结合；趣味性与科学性相结合；汉族与少数民族相结合；要在教材内容的安排上遵循学生的心理、生理特征及审美认知规律。

第五章

我国新课程音乐教学理论在学校教育中的应用

第一节　新课程音乐教学的背景与特点

学校教育以课程作为实现教育目标的基本途径，因而课程理所当然也是学校教育的主体内容。可以说，现代教育就是以课程为重要标志的。现代学校教育以课程为最本质和最核心的内容，任何教育改革都必须进入到课程改革的层面，才能取得实质性的成效和根本性的突破。

一、新课程产生的背景

随着知识经济的日益发展以及科学技术的加速发展，课程改革的热潮得以在世界范围内掀起。

（一）国际背景

在科学发展的推动下生产力的发展日益加快，但其却没有使人类进入到一个更为幸福的家园，如今人类面对的是逐渐恶化的大自然和人类社会文化环境，而这让人类生活于其中也是苦不堪言，因此许多国家为改变这一局面开始重视教育，尤其是重视人的个性的发展与人格陶冶。当前世界范围内课程改革以科学教育与人文教育相互渗透为一大趋势。

（二）社会背景

在社会发展过程中，社会对人才的要求也进一步地发生着变化，学校教育的课程内容也不断地朝着职业化、社会化、实用化和生活化的方向转变。当前我国的课程改革也开始突出强调把学生个人的知识、生活、经验等作为课程的内容。

（三）教育背景

现代人才的培养是一项工程，而这项工程要靠教育来实现。以人为本的教育要求发展学生的能力、培养学生的人格、尊重学生。罗素从人的发展出发，提出"活力、勇气、敏感和智慧"是构成人的理想性格的四点基础，这对学生的教育很有启发。此外，有专家指出："教育是学生的自我实现过程，因此，学校课程应着眼于学生个体的认知、情感、兴趣、特长、意志、品质等方面的发展。"

我国《基础教育课程改革纲要（试行）》对课程的改革制定了具体的目标：

（1）改变过于注重书本知识和课程内容"难、繁、偏、旧"的现状，关注学生的学习兴趣和经验，加强课程内容与学生生活以及现代社会和科技发展的联系，精选终身学习必备的基础知识和技能。

（2）对课程过于注重知识传授的倾向进行改革，强调在获得基础知识与基本技能、形成积极主动的学习态度的同时，学会学习并形成正确价值观。

（3）在课程的管理方面，实行分级管理，改变以往课程管理过于集中的状况，以增强课程对学生、学校和地方的适应性。在课程的评价上，改变以往对选拔和甄别的过分强调，发挥其促进学生发展、改进教学实践和帮助教师提高的功能。

（4）对九年一贯制的课程门类和课时比例进行整体设置，并设置综合课程，从而改变课程结构过于强调学科本位、科目过多和缺乏整合的状况。

（5）倡导学生主动参与、乐于探究、勤于动手，改变课程实施过于强调死记硬背、接受学习、机械训练的现状，培养学生在新知识的获取、搜集和处理方面的能力。

二、新课程的基本特点

（一）关注知识更新

知识就是生产力，它促进个人修养与事业的发展，为社会发展做出重要贡献，同时提升人类理性与善良，也是不证自明的真理。但是，在知识爆炸的时代我们还应当认识到"人生有限，知识无限"这样一个事实。一个人的生命的长度永远无法跨越知识的宽度。在知识的传授过程中，按部就班的教育传授方式不免落后，因此需要代之以全新的知识价值观。社会的前进急迫地要求教育知识更新，将知识领域中最有"价值"的内容纳入学校教育。

（二）加强人文教育

新课程仍然以育人为主导，同时，更强调形成积极主动的学习态度，使获得知识与基本技能的过程成为学会学习和形成正确价值观的过程，充分发挥每一个学生的潜能，激发学生强烈的学习需要和兴趣，为学生的个性发展创造空间。

（三）变革学习方式

在"知识本位"的教育时代为了能在最短时间内获取较多信息，注定要采用以传授为主要方式、背记为主要方法、关注结果为主要特点的教育方式。到了"以学生发展为本"的"学生本位"时代，新的课程观与新的教育理念必然引发一场学习方式的变革，灌输方式必然要让位于自主探究方式或师生互动方式，教师主体必然要让位于学生主体或双主体，要强调教学过程是师生交往、共同发展的互动过程。必须关注个体差异，尊重学生的人格，注重培养学生的独立性和自主性，从而使学习成为在教师引导下富有个性的、主动的过程。

（四）强调课程综合

各种因素在客观规律综合运动中的最终目标是实现社会与科学的发展。当代科学的发展已经超越了学科的界限，越来越朝着综合化发展。但是学校教育往往把原本综合的科目割裂开来，这不仅造成了科目繁多、学科本位以及缺乏整合的状态，还导致了一些无法解释的现象和问题的出现。

新课程倡导加强学科之间的联系，使学生获得跨学科的知识，在教师的引导下，真正面向生活，进行综合性学习活动。

（五）培养创新精神

人类与动物的主要区别之一在于人类懂得创造，并且它存在于人类的一切活动中，这也是社会进步发展的真正动力。联合国教科文组织在《学会生存》的报告中指出："人的创造力，是最容易受文化影响的能力，是最能发展并超越人类自身成就的能力，也是最容易受到压抑和挫折的能力"。"教育具有开发创造精神和窒息创造精神的双重力量"。新课程最重要的目标之一就是在课堂教学中培养学生的创造能力。

（六）注重学生体验

教育活动以促进社会和人的发展为目的。美国的教育强调："我们尊重每个学生的个性，提供不同的学习体验，让学生发展个人的价值观、知识和能力。"我们必须承认，人是有差异的，每个人都是在真正获得自我体验的基础上不断向上发展的，而体验是自我学习和自我教育的能力，因此，以学生为本的人文教育注重教育活动的体验性基础和动力，注重学生的体验。

（七）重建评价机制

课堂教学评价是社会价值取向与教育理念的重要标志，是提高课堂教学质量的主要手段。社会的发展制约着人们对教育的认识，在不同历史阶段开设的不同课程，必然也采用不同的评价机制。

评价机制对教育具有反作用，其表现在它帮助教师发现和判断价值、提升价值。可以说，有什么样的教育目标，就有什么样的评价机制，有什么样的评价机制，也就会有什么样的教育效果。新课程在评价功能、评价内容、评价主体、评价角度、评价方式五个方面发生了根本的变化。

三、音乐新课程的基本特点

音乐课程同其他学科一样，存在着许多不适应时代发展需要与不符合素质教育要求的地方，例如：违背普通音乐教育规律，导致音乐教育专业化倾向；偏离音乐课程的价值和目标，出现音乐教育非艺术倾向；背离学生的发展需要，形成基础音乐教育成人化的局面；忽视音乐的基本特性，造成音乐教育理性化的趋势等。

音乐新课程是根据国家制定的基础教育课程改革的基本理念，结合音乐教育的特性制定的符合学生音乐审美能力发展需要的课程，它由音乐课程标准、音乐课程标准实验教材、新理念指导下的新课堂教学等几个方面组成，主要理念如下：

（一）注重个性发展

在音乐学习过程中，应让每一个学生运用自己独特的方式进行音乐学习。当学生能以自己独特的方式学习音乐时，自然会享受到音乐的乐趣，愿意参与各种音乐活动，并通过音乐表达个人的情智。要把全体学生的普遍参与与发展不同个性的因材施教有机结合，创造生动活泼、灵活多样的教学形式，为学生发展个性提供空间。

（二）以音乐审美为核心

要想通过音乐培育学生美好的情操和健全的人格，就应将音乐审美为核心的基本理念贯穿于音乐教学的全过程。在音乐教学过程中，要重视对情感的体验，根据音乐艺术的审美表现特征，对学生进行引导，使其能够从整体上对音乐的表现形式和情感内涵进行把握，具体领会音乐要素在其中的表现作用。

（三）重视音乐实践，增强学生表现音乐的自信心

在现阶段，音乐艺术的实践过程几乎等于音乐课的教学过程。通过音乐艺术实践，不仅可以有效增强学生在音乐表现上的自信心，还可以培养良好的团队精神和合作意识。因此，音乐教学领域应重视学生的艺术实践，积极引导学生参与各项音乐活动，使艺术实践成为学生走进音乐，获得音乐审美体验的基本途径。

（四）以兴趣爱好为动力

兴趣既是学习进步的最好的老师和"引路人"，也是进行音乐学习的基本动力。在兴趣的作用下，学生可以享受到音乐的魅力，能够与音乐保持密切的联系，用音乐美化人生。

（五）鼓励音乐创造，培养学生的创造意识和想象力

音乐课程中的音乐创造的目的是，通过音乐丰富学生的形象思维，开发学生的创造性潜质。在教学过程中，应增强学生的创造意识，发展其想象力，在教学活动内容的设定上要做到生动有趣。

（六）理解多元文化，使学生树立平等的多元文化价值观

不同民族文化之间的理解、尊重和融合是构成世界和平与发展的前提，所以在音乐教学和学习过程中教师不仅要强调民族音乐，还应尊重、理解和学习其他国家和民族的音乐文化，使自己具备一个开阔的音乐和文化视野。

教师应当通过教学使学生树立平等的多元文化价值观，从而更好继承对人类文明的一切优秀成果。

第二节　新课程音乐教学的类型与方法

一、音乐表演教学

（一）音乐表演教学的地位、作用

1. 表演教学是培养学生审美和音乐能力的主要手段之一

学生利用各种乐器进行音乐学习的活动过程就是器乐表演。在这一学习过程中，学生的眼、耳、手、口、脑各个器官得到协调发展，音乐记忆力、注意力和理解力得到逐步加强。器乐学习不仅可以活跃课堂气氛，丰富课堂教学内容，调动学生的学习积极性，而且对激发学生进一步学习音乐、理解音乐，巩固音乐基础知识和提高学生的综合音乐修养都有着不可估量的作用。

在歌唱表演过程中，学生能够对音乐的基本要素有一个直接体验，通过在齐唱、合唱、独唱、重唱等多种歌唱形式中的技巧训练，学习歌唱的呼吸、咬字、发声的技巧，增强对节奏、音高、力度、速度的把握及调式调性的熟悉和识别能力，还可以真切地感受到歌曲的意境与情感，练就音乐听觉。另外，不同体裁歌曲的学唱还能够使学生了解世界各个民族、地区歌曲的风格，熟悉理解多元文化。

综合艺术表演教学过程融合了舞蹈、戏剧、美术等多姊妹学科的相关知识，鼓励学生利用自己的社会文化资源和生活经验，进行创造性艺术表演。在综合艺术表演过程中，要以音乐主体教学内容的需要为前提，通过各种艺术形式的相互融合和相互作用，增强学生对音乐的理解与体验。

2. 表演教学是培养学生自信心，满足学生表现愿望的有效途径

素质教育的开展过程中，学生自信心的培养、人格的完善等情感因素受到越来越多的关注。在学校教学中，音乐教学中的表演教学为学生提供了一个在众人面前展示自己的平台，这对培养学生自信、乐观、热情的性格有着独特的功用。在音乐表演教学过程中，性格胆怯、羞涩的学生可以迈出表现自己的第一步。无论是独奏、独唱还是在集体中充当合奏、合唱的一分子，

学生都能够通过音乐释放自己的内心情感，通过对乐曲或歌曲的不断练习，收获成功表演作品的喜悦，逐步提升自信心。

3.表演教学是学生参与音乐活动的基本途径

随着基础音乐教育的发展，器乐表演教学逐渐成为现代中小学音乐课堂中必不可少的有机组成部分之一，其在中小学音乐课堂中所扮演的角色越来越得到肯定。从打击乐器鼓、镲、三角铁等到旋律乐器竖笛、口风琴、口琴等，越来越多的学校在音乐教学中开始使用不同种类的乐器。通过器乐表演的教学，学生可以及时地巩固学习到的音乐基础知识。此外，器乐表演也是培养学生的音乐学习兴趣，锻炼学生合作交往能力的有效手段。器乐表演的独奏与合奏体验也是丰富学生音乐感受力和理解力的必要途径。

歌唱自古以来就是人类表达自己情感的最直接的途径。歌唱表演教学不仅符合学生生理、心理的需要，而且教学形式简单，不受客观条件的制约，教学方法灵活，易收到显著效果，所以，歌唱表演教学在中小学音乐课中仍是教师使用最多、最能够开发学生音乐能力，并激发学生对音乐的兴趣的主要教学方式。

综合艺术表演教学是将多种艺术形式综合在一起的表演教学活动。随着信息时代的到来，艺术通过电视、电脑、网络等大众媒体走进了学生的日常生活，且与学生联系日益紧密。在现代艺术学科倡导的艺术综合的基本理念指导下，在现代音乐课堂中，综合性艺术表演教学作为音乐教学中的一个重要领域被提出。一般说来，综合性艺术表演教学分为两种形式：一种是在基础教育课程改革中所提出的综合艺术教学，是集音乐、舞蹈、美术、戏剧四类艺术形式为一体的教学形式；另一种是以音乐教学为主线，将音乐和其他艺术领域的内容有效地融合与渗透，例如，教师引导学生在对音乐理解的基础上，融美术、戏剧、舞蹈、影视等多种姊妹艺术形式进行表演的综合艺术活动。

（二）音乐表演教学的特征

1.器乐表演教学的特征

器乐表演教学具有实践性、反复性和主体性的特点，这些特点需要通过乐器演奏的实践活动来实现。随着经济的发展和学校音乐教育地位的提高，器乐教学已经作为一项重要的教学内容被确立下来。中小学音乐课堂器乐学习通常是从打击乐学习入手，逐步过渡到口风琴、竖笛、口琴、电子琴等乐器的学习（各地区因地制宜地选择乐器进行教学）。在正规器乐教学过程中，学生可以掌握正确的演奏姿势与方法。随着年龄的增长，可进一步学习合奏、为他人伴奏、与他人重奏等内容。除了正规的乐器演奏，在课堂上教师和学生可以挖掘地区资源，充分发挥学生的想象力，利用生活中的音源制作有音高或者无音高的乐器。

2. 歌唱表演教学的特征

歌唱表演教学是音乐基础知识入门的窗口，是抒发情感的直接途径，具有普适性、群体性、主体性的特征。音乐教学以歌唱表演教学为基础。歌唱表演不受经济条件与教学条件的制约，适合于每一所学校和每个学生个体，是任何地区、任何学校均可采用的方式。

3. 综合艺术表演教学的特征

综合艺术表演教学具有多元性、交叉性的特点，是在歌唱教学、器乐教学学习的基础上融合其他相关艺术学科的教学活动。古人云："情动于中而行于言，言之不足故嗟叹之，嗟叹之不足故永歌之，永歌之不足，不知手之舞之，足之蹈之也。"综合艺术表演教学既包括歌唱、器乐演奏等基础的音乐活动，又有律动、集体舞、音乐游戏、歌唱表演、美术、戏曲、曲艺的参与。通过逐步深入的综合艺术表演教学，学生音乐知识不断丰富，艺术视野逐渐开阔，相关文化不断积累，学生的音乐表现力、理解力和鉴赏水平也会得到提升。

（三）音乐表演教学的内容

1. 器乐表演教学内容

在传统的音乐教学课堂里，由于各方面条件的限制，器乐学习仅仅作为音乐课的选修内容，在音乐教育发展滞后的地区，不少音乐课堂里甚至没有器乐学习这个环节。但是，随着经济的发展，学校音乐课的条件得到了很大的改善，器乐表演教学作为表现领域的一部分也被写进了课程标准。学生可以通过从打击乐器到竖笛、口风琴等音高乐器的学习，掌握一定的演奏技巧，将所学的音乐基础知识应用到乐器演奏中去，并通过聆听自己、他人的独奏或同学共同合奏的音乐逐步巩固音乐听觉，加深对音乐的理解，在实践中消化吸收音乐基础知识，丰富课余生活。一般来说，器乐学习的内容有以下三种：

（1）旋律乐器的学习。旋律乐器如口琴、竖笛、口风琴、电子琴等，特点如下：

①口风琴：口风琴属于吹奏乐器。音域较宽，表现力强。音色类似于单簧管，音量较大，演奏是通过呼、吸振动簧片，手指触键发出乐音。

②竖笛：竖笛属于吹奏乐器，构造简单，易于演奏。课堂教学中采用的竖笛有六孔竖笛和八孔竖笛两种。

③电子琴：电子琴属于键盘乐器。音色丰富，节奏多样，音量可调节，易于携带，表现力强。可奏旋律与和声。

④口琴：口琴属于吹奏乐器，通过呼、吸振动簧片发出音响，音色类似手风琴。

在学生的音乐综合素质有了一定的提高，学生的身体机能也发展到一定阶段以后，可以进入到旋律乐器的教学。旋律乐器的学习通常是练习较为规范的练习曲和短小乐曲。旋律乐器一般应挑选适合集体教学、简单易学、音色优美的乐器。教学内容包括演奏技巧、演奏姿势、相关曲目和乐器保养常识等。

（2）打击乐器的学习。按照制作乐器的材料来分类，打击乐器可分为三种：一是金属类打击乐器，即锣、钹、三角铁、碰铃等；二是皮革类打击乐，即堂鼓、军鼓、手鼓、铃鼓等；三是木类打击乐器，即响板、木鱼、梆子、双响筒等。

在学习音乐方面学生处于熟悉、掌握音乐基本要素的初级阶段，还没有确立音高感、节奏感时，歌唱教学占很大的比重，这个时期的乐器学习主要以打击乐为主。在介绍乐器时，可以让学生聆听不同打击乐器的音响效果；在学生学会歌曲后，可以请学生选择不同的打击乐器为歌曲伴奏；在欣赏不同乐曲时，让学生体验打击乐器在音乐中的表现作用；在综合性的音乐游戏活动中，可以让学生用打击乐器进行游戏表演和创编活动。

（3）自制简易乐器。通过自制简易乐器，学生不仅可以了解不同类别乐器的简单发声原理，探索不同音源的发声规律，认识乐音产生的物理现象，而且还可以增强创造性思维能力、动手能力。

自制简易乐器一般包括两种，即带音高的自制乐器和不带音高的自制乐器。带音高的自制乐器，如水杯琴、吸管排箫、土制二胡等；不带音高的自制乐器，如铁片琴、核桃响板、易拉罐沙棒、矿泉水瓶、蛙鸣筒等。

在这部分教学内容中，音乐教师可以根据不同地区的特点开发本地区的自制乐器。一些客观条件相对较差的地区，或许正是课外音乐资源相对丰富的地方，教师可以因陋就简，就地取材，山地的竹片、生活中的皮筋、建房的废料、食品外包装都可以经过再加工成为教师手中的道具。玻璃瓶可以吹出音响，易拉罐可以制作沙锤，竹子可以制成吹笛，钢片可以制成打击乐。当音乐教师通过积极探索，将这些自制乐器带进课堂为音乐所用时，学生的好奇心、求新意识就被调动起来，学习音乐的主动性也得以较好地调动。

2. 歌唱表演教学内容

（1）歌唱的常识。

①声区的分类：由于声带振动和共鸣空间的不同，声音的音质会产生变化，按照这种变化可将嗓音划分为若干音区。一般学生的声区分为混声区（中声区）、胸声区（低声区）、头声区（高声区）三部分。

混声区又称自然声区，这是儿童嗓音中最易发出且音色自然、动听的音区。一般来说，儿童在小字一组的 a、b 音左右声音最好。由于混声区介于头声和胸声之间，发声时的感觉在整个口腔，在练声初期，应让学生围绕最易发出的几个音进行练习，然后再进行拓展，使声音逐步达到均匀、统一。低年级和中年级应该主要在小字一组的音域内发声，并注意 "i""u" 的韵母练习，这样混声区的音就可以带有头声的性质。

胸声区的声音主要在胸腔引起共鸣，由于声带振动幅度较大，小学低年级学生的声带脆嫩，过多的胸声区负担会造成喉头僵硬、声带变厚等问题，所以在低年级的歌唱教学中学生一般不宜用胸声来歌唱。

头声区是以头腔共鸣，即头部、鼻腔等各部位的共鸣为主。在头声区，声带拉紧只是部分边缘振动，一般来说，在变声期之前的儿童歌唱主要使用头声区。用头声区歌唱发出的音色清澈、明亮、清脆。

②声部的分类：声部分为以下十一种。

第一，男低音（Bass）。具有浑厚、庄重的音色特点的男声音色。

第二，抒情男中音（Lyric Baritone）。具有亮堂、结实的音色特点的男声音色。

第三，戏剧男中音（Dramatic Baritone）。具有宽厚、丰满的音色特点的男声音色。

第四，抒情男高音（Lyric Tenor）。具有明亮、圆润的音色特点的男高音。

第五，戏剧男高音（Dramatic Tenor）。具有洪亮、雄壮的音色特点的男高音。

第六，特殊男高音（Contre Tenor）。具有细柔、类似女低音音色的男高音。

第七，女中音（Mezzo Soprano）。具有响亮、低沉的音色特点的女声音色。

第八，抒情女高音（Lyric Soprano）。具有明亮、柔润的音色特点的女高音。

第九，戏剧女高音（Dramatic Soprano）。具有响亮、壮实的音色特点的女高音。

第十，花腔女高音（Coloratura Soprano）。具有清亮、纤柔的音色特点的女高音。

第十一，童声。学前儿童的声音，男女声无明显区别，带有稚气、清纯、娇嫩的特点，可以进一步分为高音、低音两种。

（2）歌唱的基本技能。

①歌唱的咬字吐字：中国的汉字发音一个字为一个音节，每个音节由声母、韵母和声调组成。在歌唱中，将声母称为字头，把字腹和字尾的组合称为韵母。歌唱的咬字就是指发声时找准声母的着力点——嘴唇、牙齿、舌等，将字头咬准。吐字是将韵母的主要母音用规范的口形拉长，最后归韵。有些字，虽然字头不是声母，但也要找到其正确的发音位置。

歌唱是音乐与语言相结合的艺术，歌唱的咬字吐字是歌唱表演能力得以进一步提高的关键，清晰的咬字吐字不仅可以使学生的表现更加饱满丰富，而且能够帮助学生更好地掌握歌唱的方法。

在教学中，教师可以采用朗读歌词的方法，让学生依据自己对歌曲的理解有感情地诵读歌词，也可以在教唱的过程中个别地进行正音。在中国的一些地区，由于方言与普通话发音存在的差异较大，教师更要重视在歌唱中的咬字吐字问题。当然，老师们还可以利用当地的音乐资源，用自己本乡纯正的方言教学生唱一些当地民歌，学生通过演唱自己家乡的歌，可以获得浓厚的乡情体验和乐趣。

②歌唱的姿势：在课堂中，歌唱的姿势一般有立式和坐式两种：立式，双脚稍分开，距离与肩同宽，两手自然下垂于身体两侧；坐式，头部端正，双肩持平，颈部肌肉放松，学生坐在椅子的前半部分，两腿自然弯曲，身体挺拔，略前倾。

在教学过程中，教师不仅要及时纠正学生不良的姿势，还应摆脱教条、机械的思维观念的束缚，对学生的要求不要刻板，将教学的实际情况与理论结合起来，观察学生在歌唱中所出现的问题，进行灵活教学。

③歌唱的发声：首先，应明确发声的基本原理：准备歌唱，肺部吸入气息，通过气管向外冲出，喉头肌肉于胸肌、腹肌共同控制气息，让气息从声门冲出，摩擦声带边缘薄膜，发生振动，经由喉腔、口咽腔和鼻腔等共鸣腔的共振，传出气流，发出悦耳的声音。

其次，教师要指导学生在发声之前做好吸气准备，打开喉咙，使喉头稳定，面部表情自然。发声时音量控制要适中，不可过小也不能过于喧闹，耳朵倾听自己的声音，并不断地进行调节，从而使声音自然、纯净、统一。一般来说，发声练习应从学生最为自然的音区——中声区开始，在饱满、丰润的音色基础上，逐步向上、向下扩展音域，在此过程中务必做到声区音色统一、流畅。在低音区，学生要适当加入部分胸腔共鸣，在高音区则需要将共鸣部位转向头腔。在发声训练中，教师可以选择不同的元音进行练习，同时根据学生具体的发声情况及时调整发声曲目。

④歌唱的呼吸：正确的呼吸是优美动听歌声的产生基础。呼吸器官包括鼻、口、咽、气管和肺脏等。呼吸的方法一般来说有三种：胸式呼吸法、腹式呼吸法和胸腹式联合呼吸法。一般来说，课堂最为提倡的呼吸法为胸腹式呼吸法，即自然深呼吸，运用胸肌、腹肌共同控制气息，力量稳定、持续，使声音得到气息的支持，从而产生圆润、饱满、通畅的音色。

呼吸一般分为缓呼急吸、缓呼缓吸、急呼缓吸、急呼急吸这四种方法。在歌唱教学中，歌唱的呼吸可以与歌曲的学习有机结合起来。在歌唱遇到困难时，教师有必要了解一些练习呼吸的简单、灵活的方法，结合学生的实际，在课堂教学的过程中灵活地运用，可结合学生的生活经验编创练习呼吸的游戏，比如，闻花香、吹蜡烛、"狗喘气"等，帮助学生掌握正确的呼吸方法。

（3）歌唱的表演形式。

第一，合唱。合唱种类众多，一般分为童声合唱，女声二部、三部合唱，男声二部、三部合唱，混声二部、三部、四部合唱。

第二，独唱。独唱有童声独唱、女高音独唱、女中音独唱、男高音独唱、男中音独唱和男低音独唱几种。在我国的民间说唱音乐中，弹词、琴书、清音等表演形式也属于独唱的范畴。

第三，对唱。对唱分为男声对唱、女声对唱、男女声对唱三种类型。

第四，重唱。重唱分为童声二重唱，男、女声二重唱，混声二重唱、三重唱和四重唱。

第五，齐唱。齐唱可分为童声齐唱、男声齐唱和女声齐唱三种。我国民间说唱音乐中的一些集体弹唱、表演唱也属于此范畴。

3. 综合表演教学的内容

律动、集体舞、歌唱表演、音乐剧片段表演、歌剧场景性表演、曲艺场景性表演等是综合艺术表演的主要教学内容，综合艺术表演因其综合性而给音乐教师带来了新的挑战。集体舞、音乐游戏、歌唱表演、音乐剧片段表演、曲艺片片段表演、歌剧片段的表演等都属于综合性艺术表演的教学范畴。

综合艺术表演鼓励学生将演唱、器乐演奏等音乐学习的重点与戏剧、舞蹈、视觉艺术等相结合，发挥想象力与创造力，共同合作、表现，逐步加深学生对音乐艺术与其他艺术关系的理解，进一步发展其音乐学习的潜能。

（四）音乐表演教学的方法

1. 器乐表演教学方法

器乐表演教学方法一般有以下几种：音乐主题演奏法、器乐技能模仿法、音乐要素体验法、课堂歌曲伴奏法等。

（1）音乐主题演奏法。音乐心理学家指出，聆听者对音乐的兴趣受到对音乐作品熟悉程度的直接影响。教师在进行欣赏教学时，可以用课堂乐器帮助学生熟悉作品的主题，如在欣赏德沃夏克的《第九交响曲》时，教师可以先用钢琴将乐曲的主题有表情地弹奏出来，然后出示谱例，让学生跟着琴声尝试着吹奏出主题，逐渐加入表情，反复几遍，等学生对这段旋律在听觉上熟悉之后，再进入到对原作品进行欣赏的阶段。

（2）器乐技能模仿法。对初级阶段的学生，一般先从打击乐器的学习开始，如铃鼓、沙锤、音条琴等。到达一定水平后，学生开始学习竖笛、口风琴等吹奏乐器。无论是乐器的拿握方法、演奏的姿势还是指法的学习，这些有关器乐学习必须掌握的基本技巧，在课堂中一般采取模仿的方法习得。学生只有掌握乐器演奏的基本技能，才能够自如地演奏音乐作品。

（3）音乐要素体验法。只要方法得当，乐器教学就会成为学习音乐各要素、基本音乐知识的有益帮手。在讲解音符时值、五线谱时，教师可以利用乐器发出的乐音形象帮助学生理解时值的长短，记录短小乐谱，视谱演奏，掌握音乐的力度与表情的符号及其对应的音乐表现效果，上波音、下波音正确的演奏方法等。此外还应避免在单纯讲解音乐常识、乐理知识时，因过于理论化导致音乐课堂语文化、数学化。

（4）课堂歌曲伴奏法。在音乐课堂中，教师习惯在学生演唱歌曲时使用钢琴伴奏，以增添乐曲的表现力。实际上，请部分学生用器乐为歌曲伴奏，部分学生演唱，小组交换轮替，也不失为一个既充满乐趣又极具音乐性的方法。学生可以在了解调性、认识织体的简单对比之后，自主编创一段歌曲的前奏、间奏，为歌曲选择一个适当的伴奏音型，大家共同演唱、演奏。

2. 歌唱表演教学方法

（1）合唱教学方法。在学生具备一定的识谱能力、听赏能力和歌唱基本技能之后，可以进入到合唱教学。由于合唱对学生的要求较高，开始最好选择音域不宽、节奏简单的二部合唱曲，或者是以齐唱为主、带有局部二声部的曲目。之后可以主要以多声部合唱教学为主。除了教材所选作品之外，教师还可以根据学生的实际情况，改编部分合唱作品，以满足教学的需要。

在合唱教学前，要首先划分声部，并依次编排学生的位置。一般来说，变声期前的儿童可分为童高音和童低音两个声部。在高音区小字二组的 c、d、e、f 位置上发声轻松自如、音色清脆的儿童划为童高音，反之，听起来在高音区发声紧张、吃力的儿童则为童低音。在编排两个声部的时候，声部人数应基本相等。另外，音乐基本素质略高的儿童可以适当调整到低声部去。

进行合唱前，让学生做一些准备练习是有必要的。一般来说，进行合唱之前的准备练习内容包括大小三度，大小六度和纯四、纯五度音程的练唱。

在练唱的过程中，教师要注意学生发声、用气的均匀和声音的统一，各声部要音量均衡、协调，每个声部的音准要过关，并且声音融合，让学生熟悉合唱的音响。培养学生和声听觉的方法多种多样，对于低年级的学生，教师可以设计一些游戏和情节性的音乐故事帮助学生唱前训练，到中高年级也要尽量避免枯燥、单调的练习。练声的目的是用更好的声音去演唱，在教学实际中，教师也可以在学生遇到实际的歌唱困难后再有的放矢地进行练声，因为这样可以让学生意识到练声给唱歌带来的益处，而不是盲目地、机械地跟在教师的钢琴伴奏下咿咿呀呀，不知所云。

另外值得注意的是，教师设计的一切活动，都要将音乐放在首要位置，而不是为模式而模式，即使在练唱的时候也要强调音乐的表情。

（2）齐唱教学方法。齐唱教学方法主要有视唱法、跟唱法、听唱法、综合法等。视唱法是在教师的指导下，通过识读图谱或歌谱学会歌曲的方法。采用这种教学方法时，学生必须具备一定的读谱能力。教师可以从图形谱的教学入手，在学生对歌曲中的音高关系、歌曲的乐句与乐句之间的关系有所认识和识别之后，进入真正的五线谱的教学。在一些使用简谱的学校，教师可以从节奏图谱过渡到简谱教学，这样学生能够由浅入深地系统学习音乐符号，理解音符在构成整个乐谱中的实际音乐意义。教师可以将学生唱熟的歌曲拿出来进行视唱教学，这样不仅可以调动学生对看似枯燥的音乐符号系统的学习兴趣，而且有利于帮助学生较快地识读乐谱。

跟唱法又称"模唱法"，即教师教唱一句，学生模仿一句，直到学生学会全曲的方法。对于低年级学生来说，识谱能力还没有形成，处于音乐基本能力的初步培养阶段，跟唱法能够较好地集中学生的注意力，是教学中最为常见的方法。

听唱法，即教师通过各种教学形式和教学手段让学生在聆听歌曲的基础上，逐渐学会歌唱的方法。听唱法的有效性是不言而喻的，一些节奏复杂、旋律起伏较大的电视、广告歌曲，电影插曲或媒体中经常播放的流行歌曲，学生往往驾轻就熟，这就给人们一个启示——听，是让学生学会演唱歌曲的最佳途径。

听唱、跟唱、识读乐谱歌唱相结合的方法被称为"综合法"。在学生对简单乐谱具备一定的识读能力之后，一般都采用综合法进行歌唱教学。首先从听觉上让学生对歌曲建立一定印象，然后对照乐谱跟唱歌曲的旋律，逐渐学会歌曲。

3.综合表演教学方法

（1）模仿表演法。艺术门类的初级阶段通常都以综合的形式出现。在学习之初由于学生积累的表现经验还不多，多采用这种方法来激发学生进行综合表演。教师在课堂中将即将进行表演的内容，层层分解、由浅入深地对学生进行讲解，并做出示范动作，让学生跟学，直至学生对各个环节都比较熟练，可以集体表演大致内容。

美国百老汇经典音乐剧《音乐之声》在全球各地一直经久不衰，其音乐歌唱选段也被人们久为传唱。教师如果在学期安排中考虑到了"音乐剧的介绍与认识"这个教学单元，那么请学生们在理解了音乐剧的历史与发展、欣赏了若干著名音乐剧名段之后，共同演绎一段其中的音乐舞蹈片段，不仅可以加深学生对所学知识的感知，丰富课堂内容，而且可以让学生身临其境地体味音乐剧所独有的个性与魅力。

（2）自主创作法。自主创作法要求学生在原有知识技能的基础上，对音乐场景进行设计与编创，设计一系列与音乐作品相吻合的情境并加以恰当表现，因此，学生要具备一定的艺术基础和音乐知识的积累，能够根据音乐的需要，发挥想象力。同时，自主创作法要求教师对音乐和艺术具有较高的鉴别能力，对学生的创作给予客观、正确的评价与建议，能够对学生的既有意见加以分析、评价和修改，并且要爱护、尊重学生对音乐、音乐创作的背景、音乐剧所想表达的含义，对学生在音乐课、音乐创作中表现出的不成熟意识与行为，要及时地给予纠正和指导。

当然，由于媒体的发达，学生的自主学习能力日益增强，即使没有模仿这个环节，在教师的指导下，学生也可以直接进入自主创作阶段。

二、音乐欣赏教学

（一）音乐欣赏教学的地位与作用

1. 扩大视野，加深理解

音乐欣赏教学与姊妹艺术之间以及其他学科之间也有着诸多联系。其中，与美术、舞蹈、戏剧，与政治、历史、地理、自然等社会学科的联系尤为紧密。现代音乐教学不单纯是技能的传授，更为强调的是通过音乐的学习达到对人类多元文化的进一步理解，也是对音乐这个独特艺术形式在人类社会中的角色和功能的认识。所以，音乐欣赏教学在扩大学生音乐视野的同时，可以加深学生对音乐文化及其相关领域文化内涵的理解。

2. 丰富音乐体验

在音乐欣赏活动中，学习者可以广泛地倾听各种类型和不同风格的音乐，这对增进学生对音乐的爱好和兴趣有着重要的作用。音乐欣赏教学是一种吸收性的教学，它在以反馈的方式影响着欣赏者的欣赏水平与审美趣味的变化的同时，欣赏者的欣赏水平、审美趣味的变化也影响着创作者的创作灵感与水平。

在音乐欣赏中，只要有一副健全的耳朵，每个人都可以享受到音乐的美。随着现代多媒体技术和高科技的发展，学生的生活与网络、电视、广播等各个媒体联系紧密，学生可以广泛接触到从古至今各种体裁的音乐作品。而学生通过聆听及其他辅助手段，可以获取多方位的感官享受，从而获得通感效应。所以，在课堂中的音乐欣赏教学对满足学生的心理要求、帮助学生拓展音乐欣赏的体验是大有裨益的。

3. 提高音乐感受力、理解力与鉴赏水平

古语讲："七弦为益友，两耳是知音。"基础音乐教育的主体目标并不是

培养表演者，而是培养合格的听众。所以，音乐教师的责任在于通过音乐欣赏教学，使学生具备一副音乐的耳朵。学生通过不同年级多种曲目的欣赏与积累，在丰富的课堂音乐活动中参与到欣赏中去，逐步练就准确、敏锐的耳朵，继而能够从整体上对乐曲的情绪与风格进行很好的把握，发展想象能力，初步具备分析、综合、比较、抽象与概括等能力，并能够运用这些能力从音乐形式、内容等方面鉴别生活中的各类音乐的优劣，形成自己的评价。

（二）音乐欣赏教学的特征与类型

1. 音乐欣赏教学的特征

音乐欣赏学习是一个包括感知、想象、情感、理解等多种心理功能的动态过程。审美过程一般分为音乐审美直觉、音乐审美体验和音乐审美升华三个阶段。

（1）音乐审美直觉阶段。在这一阶段，欣赏者通过直接接受音乐信息，从中获得直观的审美感受。审美注意和音响感知是这个阶段最活跃的因素。审美注意指审美心理活动对审美对象形成一定指向和集中的动态过程；音响感知是人耳通过声音来感受音响，在耳朵听到音乐信号的讯息后，大脑听觉中枢立即将此信息与记忆库中的信号相比较，从而得出此信号的特征。审美主体对审美对象萌发一种追求和憧憬，而达到一种朦胧兴奋的状态，构成审美预期。审美预期激化出审美热情，使审美主体完成从"日常意识"到"角色"的切换，此时形成"审美态度"，音乐欣赏正式起步。这样循环往复，在知觉的参与下，欣赏者将建立对整体音乐作品的印象，而不只是对音高、节奏、力度、音色的听辨。

（2）音乐审美体验阶段。这一阶段中欣赏主体处于主动的、积极再创作的状态。在文学作品的欣赏中有"一千个读者就有一千个哈姆雷特"的说法，同样在音乐欣赏中，人对音响的感知存在明显的主观差异，同一个作品，不同的审美主体会有不同，甚至截然相反的体验。

在此阶段，审美主体伴随着情感体验而产生联想、想象。音乐通过声音形象来实现对客观世界的描绘，因此欣赏者通常要通过联想和想象将客观的声音转化为形象的意境。一般来说，可能发生以下两种情况：

①创造性欣赏：创造性欣赏是在音乐作品提供的情境中自由想象，不受原作品的限制，具有较大的创造性。情感体验是指欣赏者的情感与音乐作品所表达的内容互相交流的过程，要求准确、细致地体验作品的情感内涵，它

不仅包括对作品的喜、怒、哀、乐等知觉体验，还包括对作品深刻内在含义的理解。要达到这种水平，要求欣赏者不仅要仔细聆听音乐，而且还要从乐曲的创作背景、意图、风格等方面对音乐进行分析。

②依据作品欣赏：依据作品欣赏是遵循音乐的标题、作者的创作背景、作者个人的历史资料，揣摩创作者的意图而想象，它不越出原作品包含的意义，欣赏者主观想象的成分不多。

通常在对原作品想象的基础上进行发挥，增添欣赏者自己独特的感受之下，这种想象仍然在原作的基本创作意图之内。

（3）音乐审美升华阶段。音乐审美升华阶段指欣赏者对艺术作品产生共鸣和顿悟，获得审美愉悦和审美享受的阶段，这是欣赏音乐作品的最高阶段。在这一阶段的音乐欣赏中最为活跃的心理因素是理解、顿悟和共鸣。欣赏者在理性认识的指导下，对音响及其组合形式实现完整欣赏，拥有更为清晰和深刻的情感体验和想象。

格式塔心理学指出，人类主要靠顿悟来实现解决问题的过程，即突然理解解决问题情景的各种关系。由于音乐特定的多义性和模糊性，要充分理解它，欣赏者必须完全将自己投入到音乐的情境中，达到所谓"忘我"的意境。这就是所谓的共鸣——感觉、知觉、想象、情感、思维在欣赏对象的刺激和诱导下交织而产生的一种美感。另外，欣赏者对音乐作品的熟悉程度，欣赏者的审美观念、情趣、心境等都会影响欣赏者对音乐作品的欣赏。

2.音乐欣赏教学的类型

音乐欣赏教学一般分为参与式、渗透式两种。根据所欣赏的音乐作品题材，一般又有以下几类：

（1）器乐作品的赏析。器乐作品又分为民族类和外国类两类：如中国传统民族器乐、中国现代管弦民族器乐；外国古典管弦作品、外国现代器乐作品。

（2）声乐作品的赏析。声乐作品又分为民族类和外国类两类：如中国民歌、中国戏曲、说唱音乐、中国现代声乐作品、中国优秀流行音乐作品；外国民歌、外国传统艺术歌曲、外国现代声乐作品、外国优秀流行音乐作品。

（3）综合类作品的赏析。这类作品具体如舞蹈音乐、音乐剧、广告、影视、生活等大众音乐作品。

（三）音乐欣赏教学方法

1.渗透式欣赏教学方法

渗透式音乐欣赏教学就是在教学当中营造一种音乐氛围，让学生身处其中，耳边萦绕着动听的旋律，不知不觉地融入音乐的意境中去。进行渗透式欣赏教学的关键在于营造教室里的环境，尽量把音乐作品和学生的生活经验相结合，促进学生产生联想和想象，感受音乐的美。

（1）情境渲染法。情境渲染法在实际教学中运用得极为广泛。根据环境的不同其又可以分为两种情景渲染方式：一种是通过课堂本身的环境来渲染课堂教学，另一种是通过课堂之外的自然环境来渲染课堂教学。

①创设课堂环境渲染：情境渲染欣赏教学以对情境、体验和情感交流的重视为特征，并且这种特征伴随整个音乐欣赏活动的全过程，充满音乐课堂教学的整个时空。"渲染"是音乐欣赏者直接参与音乐欣赏带来的成功感受，是真切的、深刻的、自主自愿的情意渗透和价值态度的自然融合与升华，是愉悦的生命活动流程。在此过程中"渲染"学生的应该是一个具有艺术气氛的课堂教学环境，是音乐情感交流、音乐情感探究问题的一个程序、一个步骤，是个性的，也是合作交往的。这种形式关注的是学生情感上的支持与互动认知上的相互启发与生成、合作共事的精神和能力。

情境渲染不仅应存在于课堂教学开始、结尾或某一时段，还应充满课堂教学的整个时空，只要有学习活动的进行，就应有相应的情境感染。

②通过自然环境渲染：自然环境有时候也可以成为课堂教学的辅助手段，如果教师运用得好，会起到出乎意料的作用。比如对天气的运用，天气情况有时会左右人的情绪好坏：晴朗的天气会使人心情舒畅，而阴郁的天气会使人心情沉闷。教师在教学中如果能够合理、巧妙地运用自然环境，为自己的音乐欣赏教学活动创设一定的教学环境，就能够取得较好的教学效果，使学生更好地去欣赏、理解音乐。

教师在进行教学时，应把重点放在音乐作品的节奏旋律上。如在下雨的情景中，把音乐欣赏教学的重点与课堂外部环境相联系，为学生开拓一种新的视野去欣赏、理解并创造音乐，使学生对音乐有更新、更深的了解。在音乐欣赏过程中，学生不仅能深刻地聆听、欣赏音乐，更懂得音乐是通过节奏、音色、音区、音量的变化以及发音体的不同等音乐所特有的特质来对音乐情感与音乐形象进行表现。

（2）语言渲染法。教师语言运用的艺术性表现在，不仅语言要简练清晰，而且语音语调还要有变化，也不能平铺直叙，要抑扬顿挫，并伴随以适当的面部表情和手势。要做到这一点，教师的语言必须富于感情，只有富于感情的语言才能激起学生的情感体验。优秀的音乐教师往往会通过自己的教学语言有效感染学生，调动情绪，使学生集中精力，深深被教师的语言魅力所吸引，这样课堂气氛也就自然活跃起来。

在音乐教学当中，教师的教学语言是一种最基本的教学工具，不经意地使用语言，谁也不会意识到语言的特殊性，但当教师巧妙地使用语言时，语言便会发挥神奇的妙用。当然，这里还需要注意的是，语言仅仅是音乐教学的辅助手段，以音乐为核心是每一位音乐教师在课堂教学时应该遵循的基本理念。

2. 参与式欣赏教学方法

参与式欣赏教学是指在教师的指导下，学生亲自参与到所欣赏的音乐作品中去，完成欣赏教学的一种课堂模式。在参与式欣赏教学中，学生与教师以平等的身份参与课堂，共同体验、讨论、欣赏音乐。

（1）图谱欣赏法。在学生掌握了一定的音乐基础知识之后，可以根据欣赏的内容制作图谱进行欣赏教学。图谱的制作可以由教师在课前积极准备，作为教学设计中的一个重要组成部分；也可以在欣赏的同时，请学生根据自己所听的音响自行制作。

当然，在使用这种方法教学的过程中还应注意要因材施教，根据学生不同的年龄和学习进度进行恰当的安排。这里需要注意的是，在制作图谱时，教师务必要养成按照乐句划分板块的习惯，让学生在欣赏作品时从乐句与乐句之间、乐段与乐段之间的关系中——而不是从孤立的音与音之间的图谱学习中，认识音乐的内部组织关系，在图谱经验的不断积累中，从整体上把握音乐的含义。

（2）主题表演欣赏法。①乐器伴奏：古今中外，有许多音乐作品以独具特色的节奏形式和音响特点而流传至今，如我国各少数民族的音乐、巴西音乐、非洲的民间音乐等，在欣赏这类作品时，可以给学生分发简单、易操作的打击乐器，让学生在欣赏的同时合乐演奏。

②哼唱主题：在初级音乐欣赏的曲目中，有些作品的主题旋律性强、充满歌唱性，如贝多芬《第九交响曲》、交响音诗《嘎达梅林》、柴可夫斯基《第一钢琴协奏曲》的第一乐章等。在类似这些作品的教学过程中，教师可以节选作品的主题教学生哼唱，用钢琴、录音、谱例等手段进行辅助教学。

（3）律动欣赏法。卡巴列夫斯基把不同风格的音乐分为歌曲、舞曲和进行曲这三种类型，并形象地称之为"三条鲸鱼"。在对舞蹈性很强的作品的欣赏过程中，采用律动教学法或者教学生一些简单易学的舞蹈动作来辅助教学，是一个不错的主意。与舞蹈不同，律动并不要求动作的规范化和准确性，而是让人通过聆听音乐将身体的节奏与音乐中的节奏进行融合，达到全身心体会音乐的目的。简单的舞蹈动作往往具有强烈的民族风格和节奏特点，是针对所欣赏的音乐的风格设计的。当然，作为教师，要善于调节课堂的气氛，灵活把握学生的心理，比如可以适当地改变教室的桌椅布局等外部环境，给学生尽可能提供较为方便的活动场所等。

三、音乐基础教学

（一）音乐基础教学的作用与地位

音乐基础教学与表演教学、创作教学、欣赏教学紧密相连，是其他教学所无法替代的。音乐学习与语言学习有着类似的过程，从音乐环境的不断渲染，到欣赏歌曲、乐曲，再到自己歌唱。随着认知的不断发展，学生若要对音乐进一步学习，则需要熟识、掌握音乐的记谱符号，简单识谱。通过读写乐谱，逐步培养内心音乐听觉，增强识谱能力，向更高的水平和层面去感受、理解、表现、创作音乐。

（二）音乐常识教学

音乐常识教学主要是让学生在教学活动中掌握如古今中外杰出的音乐家及其创作背景、音乐作品的各种形式与体裁的分类、音乐常见表情记号和力度术语等常识性的音乐知识。音乐常识的教学一般是融于表现、欣赏、创作等教学内容之中的，是学生在表现音乐的过程中、在音乐的情境中通过教师巧妙的教学设计逐步渗透而获得的，而不是简单的历史资料的堆积和脱离音乐意义的讲解。

1. 音乐常识教学内容

音乐常识教学不仅有助于学生积累基本的音乐知识，而且可以扩大学生的视野，将其对音乐的理解由感性上升为理性，提升学生的音乐审美能力。其内容一般包括中外音乐表演形式，中外著名音乐家的生平与作品，我国民族音乐的相关常识，中外乐队基本常识，各类音乐不同的结构与曲式特征，中外音乐史发展的基本轮廓、框架等。音乐常识的教学可以辅助学生欣赏、理解音乐，培养、提高学生感受音乐的能力。

（1）常见的器乐演奏形式。

独奏——一人演奏某一乐器，可由其他乐器或乐队伴奏。

伴奏——常见的伴奏乐器有钢琴、手风琴、吉他、扬琴、筝、笙等，也可有乐队伴奏。

齐奏——用三个以上同种类型的乐器同时演奏同一首旋律。

重奏——多声部器乐曲的演奏形式，每个声部由一件乐器演奏。按照声部或演奏人数来分类，可以分为二重奏、三重奏、四重奏、五重奏等。

合奏——多声部器乐的一种演奏形式。一般来说，参加演奏的人数较多，按照乐器的种类可以分为弦乐合奏、弹拨乐合奏、打击乐合奏、民族管弦乐合奏、西洋管乐队合奏等。

（2）西方常见的器乐体裁形式。西方常见的器乐体裁形式有序曲、进行曲、舞曲、夜曲、组曲、谐谑曲、叙事曲、狂想曲、幻想曲、随想曲、交响诗、协奏曲、交响曲等。

（3）器乐知识。

①中国民族乐器：据不完全统计，目前我国仍在使用的民族乐器有二百多种。按照乐器的发声原理和演奏方法，可分为弓弦乐器、打击乐器、拨弦乐器和吹管乐器四种。

弓弦乐器——汉族的主要胡琴是二胡、高胡（广东音乐的主要乐器）、中胡、板胡（梆子戏的主要伴奏乐器）、京胡（京剧的主要伴奏乐器）；少数民族的主要弓弦乐器有蒙古族的马头琴、维吾尔族的艾捷克等；带纸板的弓弦乐器有河南坠子书的主要伴奏乐器坠子、坠胡等。

打击乐器——鼓有堂鼓、花盆鼓、手鼓、板鼓等，锣有大锣、小锣、云锣、乳锣等，另外还有铜制的铙、钹类乐器、木鱼、碰铃、拍板、梆子等。

吹管乐器——笛子（北方有梆笛，南方有曲笛）、箫，和声乐器笙、唢呐、管等。

拨弦乐器——汉族类的主要拨弦乐器有琵琶、高音乐器柳琴、阮、三弦、筝、琴、扬琴（击弦乐器）；少数民族的拨弦乐器有哈萨克族的冬不拉、朝鲜族的伽倻琴、维吾尔族和塔吉克族的热瓦普等。

②西洋乐器：西洋乐器主要分为木管乐器、弓弦乐器、弹拨乐器、铜管乐器、打击乐器五种。

木管乐器——短笛、长笛、双簧管、单簧管、大管（巴松管）等。

弓弦乐器——小提琴、中提琴、大提琴、低音提琴。

弹拨乐器——竖琴、吉他等。

铜管乐器——小号、圆号、长号、大号等。

打击乐器——定音鼓、木琴、排钟、铝板琴、钟琴等音高乐器和大鼓、小军鼓、三角铁、钹、铃鼓等无音高乐器。

2.音乐常识教学方法

（1）多媒体教学法。多媒体课件应融视觉、听觉于一体，学生可以通过课堂中观看与欣赏曲目相关的录像资料，了解不同民族、不同国家的音乐产生的文化背景及当地的民俗风情；可以通过音像资料观看、聆听全球各地著名歌唱家、演奏家、指挥家、舞蹈家的精彩演绎；可以直观形象地了解学校因条件原因无法配置的乐器，将不同乐器的演奏音色与实物联系起来，从而产生联想与想象，增进对音乐的理解。

（2）自主获知法。随着网络的进一步普及，学生获取信息的渠道得以扩展。因此，在进入一定的学习阶段后，教师可采用自主获知法，让学生以个体独特的方式，自主获取音乐知识。

（3）设计问题法。真正的学习总是带着问题的，因为学习的过程其实就是解决问题的过程，如果没有问题，学习也就自然结束了。教师可以将教学中的知识点设计成各种问题，并让学生以小组擂台赛的形式进行答题，通过这样的形式学生可以在激烈、紧张的闯关环节中，积极动脑、认真思考，不仅回答了问题，而且加深了印象，同时提高了对音乐课的学习兴趣。

（三）基本乐理教学

1.基本乐理的教学内容

低级阶段的乐理教学包括：认识简单的节奏符号；能够用声音、语言、身体动作表现简单的节奏；能够用唱名模唱简单乐谱。

中级阶段的乐理教学包括：用已经学会的歌曲学唱乐谱；结合所学歌曲认识音名、音符、休止符及一些常用记号；能够识读简单乐谱。

高级阶段的乐理教学包括：用熟悉的歌曲、乐曲学唱乐谱；能够跟随琴声或录音视唱乐谱；巩固、提高识读和运用乐谱的能力。

2.基本乐理的教学方法

（1）游戏教学法。游戏教学法，就是把有趣、有益、有效的游戏作为辅助手段来进行教学的方法。比如，在讲解各个节奏组成的不同节奏型时，教师可以随手拿来几本大小不同的小册子，摊在黑板前面或地上，分别代表不同的时值，教师进行不同的排列组合，请学生分组上来敲打，其他的学生充当裁判。如此反复，不仅能够让学生很快掌握一个知识点，而且还能让学生将其举一反三、灵活运用，这既可以锻炼学生注意力的集中又可以增添课堂的乐趣。

（2）形象教学法。形象教学法即通过各种道具（挂图、小贴片、文具等）、手势、动作等直观、形象的手段进行辅助教学的方法。形象的方法很多，如充分利用手势，适当地使用小贴片、小道具等进行辅助教学。这样，略显枯燥的理论，经过教师的演绎而变得生动、活泼。这种方法既可吸引学生注意力，又可使音乐教学妙趣横生。

（四）视唱练耳教学

视唱与练耳两种形式的音乐教学被称为视唱练耳教学，在教学过程中，二者是相互促进、密不可分的。视唱主要是指导学生通过读谱唱出音乐的旋律，练耳则是通过听唱、听辨等多种形式进行音乐听觉的练习。从学生的认知规律出发，视唱练耳教学应从学生熟知的歌曲或旋律片段开始，建立学生准确的音高感，让学生始终在音乐的情境中进行读谱和听觉练习。在读谱过程中，不同的调式调性，旋律的唱名会有所不同，所以在进行视唱练耳时，有首调唱名法和固定调唱名法两种读谱方法。首调唱名法的特点是唱名在谱表上可以自由移动，在调式音阶中，音与音之间的关系清晰，音程关系明确，调式感强。相对于首调唱名法，固定调唱名法的唱名在谱表上是固定的，唱名与音名一一对应，容易辨认，其优点为记谱方便、准确，音高关系一目了然。但由于受到调号的限制，音准难以固定。

1. 视唱练耳教学内容

视唱练耳的教学内容包括：能够识读简单乐谱；能够用唱名模唱简单乐谱；用已经学会的歌曲学唱乐谱；用熟悉的歌曲、乐曲学唱乐谱；能够跟随琴声或录音视唱乐谱。

将视唱练耳的教学内容再进行细化，一是视唱部分，用规范的音乐唱名有表情地视唱曲目，要求准确地唱出音符、附点音符、休止符以及各种常规节奏型和节拍（如：2/4，4/4，3/4，6/8）；二是练耳部分，听唱、听辨、听写自然音体系中的音高、音程、节奏和旋律。

2.视唱练耳教学方法

（1）手势直观学习法。将音高关系形象化成为高低不同的手势位置被称为柯尔文手势。这个手势，可以使学生通过直观的视觉形象感受到音的高低，帮助学生在音乐学习过程中（特别是初级阶段）建立音高概念，感受音的进行倾向，把握多声部学习的音准等，如音程构唱、调式音阶的练习、二部卡农模仿、单声部与多声部模唱、旋律读谱等都可以使用手势直观学习法。

（2）词谱互换学习法。在音乐课上，通过各种教与学的活动，学生能够初步积累一定的曲目，将学过的一部分歌曲或欣赏过的曲目哼唱出来。针对学生熟悉的曲目，可将歌曲中的歌词改换成唱名，让学生巩固自然音阶和音高之间的关系，强化音符在谱面上的位置，同时在潜移默化中对节奏符号、表情术语、力度记号等音乐符号产生记忆。

（3）手指简易读谱法。手指读谱法是以五指代替五条线的简易读谱练习法，具体操作方法是：手心朝外、手背朝里地将左手伸出，用右手食指指点"线间"位置，同时口唱音高。此种方法主要用于熟悉五线谱线首调间位置，其特点是简易、方便、可随身携带。此法可降低五线谱的学习难度，同时增强学生的学习兴趣。

（4）图谱形象学习法。教师可以巧妙地设计一些图形谱，辅助视唱练耳的教学。比如教师可以用线条的长短、面积的大小等来设计图谱，来帮助学生辨别四分音符、二分音符和全音符，在学生对各个音符的时值长短建立了较为深刻的印象之后，再过渡到真正的符号学习。

四、音乐创造教学

（一）音乐创造教学的作用与地位

创造性问题一直与文明进步及社会发展密切相连。创造是以前人或他人不曾使用的方式进行思考、学习与活动，它具体包括意识上的创造、能力上的创造以及思维上的创造，简称为创造性意识、创造性思维与创造能力。创造性（创造力），是人的一种心理素质，是创造型人才的关键特征。《周礼·考工记》记载："知者创物，巧者守之，述之。"罗曼·罗兰曾说："我创造，所以我生存。生命的第一个行动是创造的行动。"

创造是音乐的生命，也是音乐教学的生命。在普通学校中，音乐课堂往往被多数领导、教师、学生及家长所忽视。21世纪的"人才培养观"极大地推动了创造教育的发展，举国呼唤创造、全民期盼创造的局面的形成。

在音乐教学中，教师要善于从音乐自身规律和特性入手，有效利用"音响"制造的空间效果，使学生在声波环绕中打开想象的闸门，让学生在表演的过程中张扬独特的个性。

音乐学习对培养学生的创造性有着不可替代的功能，其原因在于：

首先，音乐教学过程是一个创造性的过程，不宜大力提倡单纯的导课、学习新内容、表现、创造等固定的模式化教学，教师在教学时，应将教学看作一种动态、流动的过程。

其次，音乐学习本身是一个创造性的过程，音乐的表现是一个再度创作的过程，是运用自己的理解对音乐作品重新阐释的过程。

最后，音乐创作本身也是充分发挥创造性，对自己所学的音乐知识加以运用，将各种音乐要素重新组合的过程。所以，音乐创造教学在音乐教学中是必不可少的一部分。

（二）音乐创作实践教学

音乐创作实践指运用音乐材料创作音乐，包括：创作节奏短句、旋律短句，为歌曲选编前奏、间奏，用各种手段记录旋律、乐句的走向及乐谱的呈现等。

1.音乐创作实践教学内容

音乐创作实践教学是指教师向学生提供一些熟悉的音乐元素，如最基本的节奏、最基本的音调、最基本的动作方法、最基本的组织方法等，去创造新的音乐作品并使学生从创造过程中获得满足。其内容包括：能够运用线条、色块、图形记录声音或音乐；能够运用人声、乐器或其他音源创作 1～2 小节节奏或旋律；能够创作 2～4 小节的节奏短句；能够创作 2～4 小节旋律；尝试用电脑编创音乐（有条件的地区可选用）；能够独立或与他人合作创作 8 小节左右的短曲；能够为歌曲选编前奏或间奏；尝试用电脑编创音乐（有条件的地区可选用）。

2.音乐创作实践教学方法

（1）歌词替换法。歌词替换法可以将音乐课与文学融合起来，让学生充分认识到歌词在音乐中的作用。音乐课堂上，教师可以选择恰当的歌曲，让学生留心自己的生活，关注校园、社会，创作一些积极向上、反映学生风貌的歌词，配上已经学过的曲调。

（2）节奏接龙法。节奏作为音乐的基本要素是学生学习的首要任务，教师可以通过方整、短小的童谣来训练学生的节奏。当学生对基本的节奏型有了一定的积累之后，就可以用节奏接龙的游戏来进行创作实践。

（3）图谱创设法。这种方法需要教师拥有较高的音乐理论素养，创作一定的图谱，生动形象地让学生进入音乐学习与音乐创作。例如，在课堂中，教师用图谱的方式引导学生学习一首同头合尾的歌曲，可视性的图谱设计会有效帮助学生理解音乐作品。教师还可以将这种创作手法介绍给学生，请学生加以模仿，自己进行设计，创作一个简单的相同结构的音乐片段。同样，如果学生的反馈是积极的，在以后的课程中，教师还可以视学生的接受能力进行相应的教学。

（4）乐句连接法。乐句连接法与节奏接龙法的性质相似，但是难度更大。在乐句的创作过程中，学生不仅要考虑在一定的节拍上安排恰当的节奏，还要注意音高的连接关系。学生学习创作乐句时，教师要在课堂上对乐句创作的基本规则进行一定的讲解，如：第一乐句往往以主音开始，逐渐发展，最后的乐句一般也是结束在主音上；音乐的线条要流畅，自己唱起来要感觉上口等。

（三）音乐即兴创造教学

即兴创造是一种临时创作，在这种创造过程中，学生往往会根据当时的感受而产生的一种音乐创造行为，与即兴表演联系在一起。即兴创造教学意在发掘学生即兴创造的潜能，具体来讲分为两类：一为综合性即兴创造，如以一定的速度、表情表现成语、短句等，或者用即兴的动作表现歌曲、乐曲；二为音乐编创性质，如即兴编唱乐句、即兴演奏一个乐曲片段等。

1. 音乐即兴创造教学内容

音乐即兴创造教学内容包括：能够将成语、短句、诗歌或歌词用不同的节奏、速度、力度等加以表现；能够在唱歌或聆听音乐时即兴动作；能够用课堂乐器或者其他音源即兴配合音乐故事和音乐游戏；能够即兴编创同歌曲情绪一致的律动或舞蹈，并参与表演；能够以各种音源及不同的音乐表现形式即兴编创音乐故事、音乐游戏并参与表演；能够即兴演唱生活短语或诗词短句；能够依据歌曲、乐曲的内容及情绪进行即兴编创活动。

2. 音乐即兴创造教学方法

（1）随机法。随机法是指教学中可以随意通过不同方式、不同情景、不同时间、不同途径、不同角度进行即兴创造的一种教学方法。由于即兴创造教学的方法多种多样，不存在任何定势的限制，教师可根据学生情况创造出许多独特的即兴方法来丰富自己的教学手段和课堂。

（2）模拟法。模拟指主体对客体的仿效。在音乐课堂教学中，音乐即兴创造教学通常是教师引导学生用人声或乐器对自然界的音响进行即兴模仿，如使用乐器模仿风声、雨声、流水、集市、车辆等。

第三节 我国学校音乐课堂教学与范例

一、音乐课堂教学的性质

（一）音乐教学是一门艺术

音乐课堂教学通过对音乐技能知识、音乐及相关文化为主的教学内容进行再现，形成课堂上的演讲形象，创设优化教学情景或氛围，来实现教学内容的再现。因此可以说音乐教学也是一门艺术。

艺术的本质是美，而美是人的本质力量的感性体现，所以，同样作为一门艺术的音乐课堂教学，也必然具有美的特性。音乐课堂教学所有的教学活动都是围绕音乐展开，因此，同其他学科相比，音乐课堂教学艺术对于美的阐释还有其自身的特点。

作为一门时间的艺术，音乐通过运用一定的技法，把音高、节奏、节拍、音色、音量等音乐材料按照一定的规则进行排列，从而形成优美的音乐形象。音乐教学艺术就是建立在这种时间艺术的基础上的，因此同样具有时间上的继起性。任何一种审美形象都是一种形式与内容有机统一的感性的具体形象。音乐教学艺术的形式是一堂优质完美的音乐课，其内容是音乐教师的知识结构、能力素养以及课堂教学经验等相关因素。

（二）音乐课堂教学艺术性与科学性的关系

音乐课堂教学还具有科学性，若要研究音乐课堂教学艺术，就不能对其科学性的一面避而不谈。

科学是对事物本质和规律的回答，音乐课堂教学也具有这一本质和功能。

音乐课堂教学的科学性就是反映其"真"的一面，在音乐课堂教学过程中，其科学性的一面主要体现在其对于音乐教学本质和规律的回答，具有认识、解释和预测教学的功能。音乐课堂教学的艺术性和科学性密切相连。

相比较而言，作为一门艺术的音乐课堂教学可以形成独特的风格，是具体的、特殊的，具有因人而异的个性。在实际操作中，音乐课堂教学的艺术表现具有灵活性，教学主体——教师可以在教学中充分发挥这种灵活性，而教学科学中的规则和程序，则必须严格遵循。音乐课堂教学的艺术性与科学性同时也存在着内在的联系与统一。音乐教学科学是音乐教学艺术的基础和依据。音乐课堂教学科学是对于音乐教学本质和规律的解释，它决定了音乐课堂教学的性质，假如抛开这种科学性前提，音乐教学艺术就失去了存在的基础。教师应首先要搞清楚什么样的课是音乐课或音乐课应该是怎样的，然后再去考虑教学艺术的问题。因此，音乐课堂教学艺术必须遵守音乐教学的本质和规律，融个性于共性之中，这样才能更好地发挥个性。同样，音乐教学科学也必须通过教学艺术来操作和表现，从而实现其外部功能，失去了教学艺术，音乐教学科学也就失去了光泽和吸引力，没有实践的检验和支持，音乐教学科学就会慢慢地失去生命力。因此，在教学实践当中，音乐教师在运用和发挥教学艺术时，不能缺乏对音乐教学科学性的学习和研究，不能沉醉于艺术的技巧而忘记科学的普遍规律。对音乐教学艺术的研究应该以音乐教学科学为基础和依据，要用音乐教学的科学性来把握和拓宽音乐教学艺术的研究范围，决不能用艺术性来取代科学性。

总之，离开了科学规律，音乐教学艺术只能沦为华而不实的形式，而缺少了教学艺术，音乐教学科学也必然变成缺少实践支持的纸上谈兵。

二、音乐课堂教学的特性

（一）表演性和审美性

在课堂上，教室和讲台就是教师表演的舞台，教师就是"演员"，而教师精神饱满与否，注意力集中与否直接影响教学效果。在教学过程中，教师仪表整洁、思维清晰、口齿伶俐，教态自然大方，可以自如地运用各种教学技能，妥善处理教学当中的各个环节，才能够抓住学生的注意力。

在音乐教学的课堂上，学生既是观众，也是进行表演的"配角"，影响着整个舞台剧的质量和"剧情"的发展，因此在教学艺术表演过程中，教师应注意与学生密切配合，具体分析不同学生的特征以选择相应的教学方式。此外，教师还应注意与学生之间的情感和信息交流，根据学生的反馈调整教学方式。

教学艺术与其他艺术一样都具有审美意义。相对于教学活动而言，音乐本身就具有很强的审美性，而以音乐为教学内容的教学艺术也具有非常鲜明的审美特征。

当音乐教师有意识地在按照美的规律和原则进行教学时，音乐教学能够以其特有的魅力给人带来美的感受，教师的课堂教学本身也就成为审美的对象。当听一位优秀教师上音乐课时，学生会感到听这位教师的课简直就是一种享受，从课的结构设计到教师的引导，从语言、表情神态、姿势动作到技能技巧的展示和运用，课堂上每一个因素仿佛都会带来美的享受，从而就会很自然地融入和谐的课堂环境中。

教学艺术的美是一种外在美和内在美的统一，其外在美是指教学表达的形式美，诸如教师优美的演唱、精彩的演奏、清晰的语言表达等；其内在美主要是教师精深的专业技能和广博的基础知识，表现在一节课中就是所讲授教学内容的科学美，比如严密的思维、合理的教学设计、合理的教法选择、引入的教学环境设计等。只有把内在美和外在美有机地结合，教学艺术的美才是鲜活的。

（二）实践性和创造性

从某种角度上来说，音乐本身也是一门实践性很强的艺术，可以说，对音乐而言离开了实践，音乐就无法称为音乐。音乐教学是这样一个过程，即音乐教师熟练运用各种音乐教学技能和知识，并且把这种知识和技能进行升华，提高到一种艺术的高度，整个音乐教学过程就是一种音乐的实践过程。

教学艺术如果离开了教学实践就成了无源之水、无本之木。音乐教学实践表现在教师的课前备课活动、课上的组织教学和课堂管理、教学板书与教学语言、课堂提问与课堂讨论等。要想取得良好的教学效果，教师就要不断积累丰富的实践经验，因此教学作为一门艺术史具有非常鲜明的实践性的。

在具体的教学实践过程中，教师所面对的音乐学习者可以说的是千差万别、随时变化的，这就要求教师要充分灵活运用各种在教学理论上和实践中积累的教学方法去解决，可见，教学工作具有高度复杂性，而这也决定了教学艺术的创造性。而教师在教学方案的设计、教学内容的处理、教学方法的选择、教学过程的组织上，也应灵活安排，不断创新。

音乐是一门以形象思维为主的艺术形式，音乐教学的创造性的特性尤为突出。在音乐创造力的培养上，形象思维有着不可替代的作用。在音乐课堂上，教师和学生都应处于一种思维活跃的状态，因为在这种状态下，人的想象力和创造力要远远高出平时。当然，音乐教师的教学艺术也更容易产生新的亮点。但是，还应注意到教学艺术的创新性与教学活动当中存在的一般的和不变的规律是并行不悖的，教师应当根据实际情况灵活运用这种规律来帮助自己的工作，不能死搬硬套，否则教师创造力的发挥将会被限制。

（三）愉悦性和情感性

有人说"音乐会使人忘记痛苦，因为音符当中没有这个字眼"，这也许是对音乐的愉悦性的诗意性写照。对音乐进行的教学也是一门艺术，其不可避免地也具有愉悦性，可以说，一堂好的音乐课可以带给学生和教师身心极大的愉悦。比如音乐课上，欣赏动听的音乐可以调节情绪，对感觉器官和神经系统也会有好处；学生的发声练习和有感情地演唱歌曲可以放松心情、培养自信、锻炼心肺功能。在上完一节轻松愉快的音乐课后，学生之前的不快会烟消云散。

音乐本身就是一门充满着情感的艺术形式，而对音乐进行的教学活动自然也是一个充满着情感流动的过程。音乐的自然属性决定了其具有表现情感的特征，而音乐的情感只有经过审美主体的参与，才能被转化为审美主体的一种情感体验。作为音乐教学过程中的主导，教师应对音乐的情感特性有一个熟知和把握，做到"以情感人，以美育人"。实现音乐教学过程的情感化，具体来说就是让学生在音乐课堂中情感勃发的同时还能够享受到音乐带来的美感，使得情操得到陶冶，人格进一步完善。

此外，如果一节音乐课程是充满了情感的，那这种丰富的情感体验会激发和提高学生的音乐兴趣、音乐理解能力、音乐创造力及音乐表现的各方面综合能力，而这种综合能力正是当今时代人才评判的一个重要标准。

音乐教学中的审美情感不仅能唤起学生主体固有的自然情感体验，还能帮助学生主体建立并培养新的情感，使自身的情感得到质的提高与深化，从而进一步"升华"。而这种"升华"对人的精神境界具有提升作用，能够使人的自然情感得到宣泄和净化，变为一种美的情感，使得我们能够从更高的角度去对社会和人生进行观察和认识。

三、音乐教学的范例

音乐教学存在着审美体验型、参与感悟型、探索发现型、情境感染型、合作建构型等多种类型的范例，这里着重就音乐教学中的审美体验型、参与感悟型、探索发现型做进一步分析和探讨。

（一）审美体验型

体验是人类的一种涉及生理和心理的双重活动。对教师而言，这种体验是对学生进行音乐审美培养的有效途径，而对学生而言，这种体验是其进行音乐学习的基础。而音乐作为一门善于激发和表现情感的艺术，是审美的艺术。音乐的审美体验型教学一般具有以下特征。

1. 产生情绪愉悦

众所周知，音乐能够使人精神放松，给人带来精神上的美感，产生情绪上的变化。音乐教学的目的之一就在于它能够使学生保持良好的心境，体验和享受音乐带来的精神上的放松与愉悦，从某种意义上来讲，这也是音乐教学获得成功的前提，因为学生在愉悦的状态下可以形成优势兴奋中心，从而产生持久的音乐学习动力。

2. 丰富情感体验

作为一门情感艺术，音乐对人情感的作用是所有艺术中最为显著的，从这个角度来讲，音乐教育可以说是一门关于情感的教育。在音乐审美过程中，情感是最活跃的心理因素，所以在音乐教学过程中，教师应牢牢把握住对学生的情感激发。

此外，在教学过程中，教师和学生的情感交流也是音乐教学实现审美功能的重要途径。

3. 塑造音乐形象

节奏、旋律、和声等音乐语言能够创造出来具有形态、情态、声态、动态等一系列形象化特征的音乐形象，所以形象性是音乐艺术的重要特点。音乐审美教育可以借助这些具体可感的形象来实现对受教者的诱发和感染，将枯燥、抽象的概念变成容易被学生接受的生动有趣的形象。

（二）参与感悟型

参与感悟包括音乐形态感悟和音乐情感感悟，是指人的生理、心理与音乐音响相互作用下的内在音乐感受。通过对这种音乐的参与感悟，可以引导和培养学生从音乐音响本身出发去对音乐进行感受和理解，从而提高学生的音乐智能水平。

在对学生进行参与感悟的教学过程中，教师与学生的地位比较平等，即学生的主体地位比以往更为突出，但为了确保学生能够有效地参与到教学中来，这种看似平等的师生关系中又涵盖着教师的主导作用。参与感悟活动对学生而言主要存在以下作用：

①在参与感悟的活动过程中，学生的情感、认知和行为得以协调。

②在参与感悟的活动过程中，学生的各种能力得以发展，身心得以成长。

③参与感悟的活动是学生陶冶心灵、确立健康的审美观的最直接、最有效的途径。

辩证唯物主义认识论的基本原理认为：知识是人们在生活过程中获得的，是人参与感悟的结果，而并不是从一开始就存在于人的头脑中的。认识是人们充实新知识的过程，其结果是产生知识。

（三）探索发现型

探索发现型教学是一种着重培养学生创造性思维能力的音乐教学。在此音乐教学过程中，学生学习的过程与科学家的研究过程有着相同的本质，因此，学生应像科学家一样，以主人的身份去发现问题，解决问题，并且在探索发现的过程中获取知识，发展技能，培养创造能力，同时受到科学方法、精神、价值观的教育，并发展自己的个性。

创造性思维是创造性活动中特有的思维过程，往往与创造性活动联系在一起，是思维与想象的统一、分析思维与直觉思维的统一。根据杜威、布鲁纳等人的教学理论，教学过程是一个学生参与活动的过程，学生学习的现有经验要继续不断地改造，因此，教学不应该只是讲和听的过程，更重要的是让学生通过做去体验和感受。这种教学范例有以下几种开展方式：

1. 明确目标，帮助学生实践探究

教师根据教材要求和学生合作进行探究，对要点进行简要的归纳、概括和讨论，然后要求学生对获得的知识进行讨论和探究，进行实践操作活动，在实践中学会举一反三，解决类似或相关的问题。

对学生而言，其实践探究是一个极为有意义的过程，表现在以下三点：

①学生在实践探究的过程中能够实现知识的巩固和扩大。

②学生在实践探究的过程中能够将知识吸收并内化为能力。

③音乐学习中的实践探究是开发学生创新思维的有利途径。

实践探究的内容和形式没必要是统一的，但要根据学科的要求和特点进行确定，其方法和形式一定要灵活多样，只要是有利于学生扩大知识和发展能力的办法，教师都可以积极采纳。探究发现学习是一种研究性活动，其对象是生活知识、学科知识和社会知识，其关注点是知识的联系与运用，而学生亲身经历的过程和体验是其注重点。学生在认真观察与分析过程中可以抓住刹那的灵感，产生积极的思维，不仅能够学会发现问题还要敢于提出问题，而教师在角色上则从知识的传递者逐步转换为学生学习的咨询者、促进者。

2. 激发学习兴趣，引导学生自主探究

在这种方式中，教师在课堂导入时就设计一些环节，激起学生的学习兴趣，之后学生在教师的提示下进行活动。这一环节起着影响全局、辐射全课的作用，使得课程从一开始就对学生产生一种无法抵御的吸引力，在短短的几分钟里，学生的情绪就被充分地调动了起来，从而形成了一个良好的课堂气氛的切入口。

在教师简短的课堂导入阶段，学生获得了浓厚的学习兴趣，从而也获得了主动进入探究发现学习的动力，作为学习的主体，以发现问题、探索规律的方式获取答案。学生同老师一样，在共同学习中给自己提出许多问题，并带着问题继续探索，寻求解答方案，经过置疑、冲突、解决、再置疑的不断努力，最终获取知识技能，同时提高获取知识技能的方法与能力。

学、思、疑、问，是学生进行探究发现学习的四个相互联系的学习要素，现代教学提倡学有所思、思有所疑、疑有所问的优良学习方式。学生在探索发现学习中，能把学、思、疑、问联结在一起，就会给探索发现型教学带来无限的乐趣和动力。因此，教师大可不必为学生是否有探索发现的能力，能否达到预期效果而担心，而要注意自己是否对学生报以信任的态度，给予其探索发现的权利。

3. 解决疑难，组织学生合作探究

在探索发现型教学中学生自学探究是学中有探、探中有学的过程，一般问题均可以在边学边探中自行解决，在这一阶段，可以给学生几分钟时间让其简要表述各自探究中的疑难点，但对这些疑难问题教师没必要过早地进行一一解释，而应该先综合大家的提问，提出一到两个重点问题组织学生进行合作探究。

学生必须完全参与到音乐教学的过程中，进行主动思考和亲身体验，从而发现规律，获得记忆与升华情感。合作探究的形式大致可以分为三种形式：

（1）全班集体探究。全班集体探究即抓住中心议题或关键性问题，让学生各自发表见解，集中解决难点。例如在《中华鼓》一课中，教师在上课之前，让学生在课下通过各种途径找到与鼓有关的一切信息。课上，学生带来各种各样的材料，既有文化方面的，又有民俗方面的文化信息。教师利用学生的这些资料，通过调动全班学生集体探究，顺利完成了预期的教学目的。

（2）小组合作探究。合作小组可以是四个人、六个人，最多不超过八个人，合作探究是利用学生集思广益、思维互补、思路开阔、各抒己见的特点，使获得的概念更清晰，结论更准确。首都师范大学音乐学院实习教师在《音乐与生活中的破铜烂铁》一课中，引导学生分组，利用生活中的物品，探究创作出与众不同的节奏乐曲。学生在教师的调动下，以小组为单位，用身边的铅笔盒、水瓶、书本，甚至把"卫生角"里常被大家所忽视的扫帚、水桶也利用上了，合作探究出一首首个性分明的乐曲。

（3）两人合作探究。两人合作探究即让两个学生发挥各自的学习优势，就相关疑难问题相互启发，相互研讨，然后再交流一下相互探究的结果。例如首都师范大学音乐学院实习教师在进行《广告音乐》的教学中，充分发挥每个人的作用，让每一个同学发现、收集生活中的广告音乐，用小录音机采录下来，课堂上大家一起进行汇总，分析出广告音乐的特征、广告音乐的类型、音乐在广告中的作用，并让每一个同学尝试制作一种新的广告音乐，最后全班进行表演交流。

第六章

新时期音乐教育与教学的理论及发展

随着人们生活水平的不断提高以及社会的不断发展和进步，人们逐渐认识到音乐教育与教学的重要性，本章主要论述了当代音乐教育与教学的新思路、世界多元文化背景下的音乐教育、新时期中国音乐教育的发展与体系建设等内容。

第一节　当代音乐教育与教学的新思路

一、新时期中国音乐教育面临的挑战：课程改革与文化

教育的核心就是课程，众所周知的课程是对于系统知识的一种积累，课程在一定程度上能够体现出不同的思维模式和种族经验。但是就课程论而言，课程是指授课的内容、计划或者是各个课程之间和文化的相互关系的整体意义体现。

随着时间的不断推移，在经济、政治、历史的背景上，21世纪的文化与20世纪相比已经发生了很大的变化，在一定程度上甚至可以说人类的社会已经发生了巨变，但是近现代的中国音乐教育课程设计到现在为止，基本还是没有什么大的变化。到20世纪90年代末期，这种缺陷已经被充分暴露出来。

（一）音乐课程与文化的关系

从人类学的角度看音乐人类学和教育的今天，可以发现音乐教育是一种文化现象或文化的有机组成部分。因此，音乐教育学科整体文化发展、音乐和音乐课程变革的文化传统、东方和西方音乐文化的各自不同的课程建设，在当今世界多元文化音乐教育建设中是极其重要的。

1.音乐课程与音乐文化传统的关系

世界音乐可分为四大体系：印度、阿拉伯、中国、欧洲。这四种体系有其相应的哲学、宗教思想、文化艺术体系。

从律制上看，阿拉伯以四度相生律为主，有中二度、中三度、中六度；印度有十七律、二十二律（印度与阿拉伯都很强调微分音的运用）；中国主要以五度相生律、十二不平均律为主；欧洲则主要采用十二平均律和纯律。印度、阿拉伯、欧洲的音乐教育课程都与自己的传统音乐文化有着很深的联系。

2.音乐课程与音乐文化变迁的关系

随着时间的不断推移，世界文化之间的交流也变得逐渐频繁起来，在改革开放的形势之下，怎样用一种全新的形式和眼光来对待本民族的传统文化，在一定程度上来讲是一件在音乐建设的领域中非常值得慎重思考和考量的事情。

在 20 世纪，西方音乐教育模式和该模式的文化思想内容逐渐在全球传播开来，在各个国家的音乐教育和文化领域之中都产生了巨大的影响，但是他们在产生积极影响的同时也出现了一些不和谐的声音。

3.东西方音乐与文化传统的差异

在当今的时代，我们在对东西方音乐关系和文化价值体系的认识方面需要有一个比较正确的认识和重要的立足点，即能够充分认识到东西方音乐体系和文化价值的平等性。这在一定程度上就意味着需要在东西方音乐文化教育的互补性上做出一定的成效。对于西方工业文明体质的音乐教育课程威严，需要用一种发展的眼光站在世界音乐发展史的角度上去看待，应仅仅把这种课程看作是一种全新的模式和阶段，从一定程度上讲，它并不能够代表多元文化的音乐课程模式，同时也不能作为人类文化发展的一个顶点。

如果失去了这样一个重要的立足点或者是重要的精神前提，所进行的考量就会存在问题，因此，必须将东西方音乐文化的古今、先进和落后等各个方面进行深入的对比，应当适当地放弃东方音乐文化在音乐教育中的当代意义的思考。

（二）新时期音乐课程的立体三维建构

这里提出的音乐课程的立体三维（长、宽、高）建构，即是：
①母语传统源远流长。
②世界音乐宽似海洋。

③文化统领高屋建瓴。

这种音乐课程的立体三维建构能够让我们全面知晓其中的出处，即当今全球多元文化和谐相处的新生态文明价值的教育学基础，也与20世纪中国开始接受的一些工业文明价值观上有很大的区别和不同。

人们很清晰地知道，母语传统、世界音乐、文化统领在中国的音乐教育领域并没有引起大家足够的重视，甚至并没有真正意义上作为一种课程改革或者是课程讨论的重要课题内容逐渐被大家熟知或者是进行讨论。在一定程度上来讲，这种课程是一项全新的文明逐渐向世纪性的工程发展的目标和方向，该课程涉及面非常之广，包括音乐教育哲学，音乐教育目标、内容、教学方法等。

1. 母语音乐的课程建设

众所周知，母语是各种文化传统的根基，和当今全球化的后殖民主义语境中各种的文化传统争取独立自主的历史背景部分有很大的相似之处，比如中世纪的欧洲就是一个相对统一的拉丁化世界，到文艺复兴时期，人们才逐渐开始意识到其重要性，并且产生了弘扬民族语言和民族文学的要求。

2. 世界音乐的课程建设

众所周知，世界音乐教师是多元文化的重要基础，但是从另一个方面来讲，当今国际音乐教育发展的总趋势也是世界音乐的教学，这种教学的方式也是发达国家音乐教育的热门话题。

世界音乐课程建设的重要文化背景就是：当今全球政治、经济、文化和教育的议事日程的逐渐被提出，在一定程度上会影响到音乐教育的哲学和实践，多元文化的意识形态必须以多种形式和状态逐渐渗透到西方国家的思想和意识中去的。

3. 文化统领的课程建设

音乐的意义在一定程度上来讲是由其文化来进行界定的，从这个维度上来讲的话，在学习音乐之前，一定要对音乐的文化进行充分的了解。在没有充分了解的基础上，盲目地对其进行学习或者是意识上的深究，基本都是徒劳的，对于了解真正意义上的音乐精髓是没有任何帮助的。

（三）音乐课程改革的系统工程

1. 中国音乐教育文化观念的转变

中国的音乐教育文化观念已经发生了很大程度的转变，从另一个方面来讲，中国音乐教育文化观念的转变映射出了中国人民对于音乐课程设置的重新考量，这种思想上的转变主要包括两个方面：一种是音乐课程的结构问题的转变，另一种就是音乐的教育知识在思想观念上有很大的转变。

2. 新的音乐教育哲学与课程建构

在各个时代文化的课程或者是构建的过程中，基本都会存在他们独有的教育哲学来作为新兴音乐教育哲学与课程建设的重要参考依据，随着时代的不断进步和发展，人们不得不寻求出一个更加能够符合当今时代发展的全新的音乐教育哲学思想。

二、中国传统音乐教学的理论构想

（一）中国传统音乐教学的理论思想基础

随着时间的不断推移，人们已经开始对于音乐教学体系有了全新的意识和想法，人们总是期待建立一种全新模式的教学体系，但是这种教学的体系并不是完全仿制西方的教学模式，而是要在西方教学模式的基础上，取其精华，寻求出一种真正能够适合中国音乐发展的重要教学体系。

如果想要中国的音乐教学体系在世界音乐教学领域中取得比较大的成就，并且这种音乐体系的成就能够被世界所认可并不会被其他任何一种教学体系所取代，从一定程度上，真正能够摆脱西方的音乐教学体系对中国音乐教学体系的一种限制和束缚，那么，中国音乐教学体系就一定要建立具有自身特殊价值和意义的重要思想基础。因此我们必须从实际情况出发，充分建立起具有中国特色的教学体系。

（二）中国传统音乐模式的把握

1. 中国传统音乐的哲学方法模式

西方的音乐主要从作品的角度出发，对作品进行相应的分析，从技术的结构等方向上人们基本上能够对于作品的流派和风格特点等进行详细的区分，但是对于中国传统的音乐流派、时期和风格特点等人们却很难从作品的角度分析出对应的结果。

2. 中国传统音乐艺术风格史的构想

西方音乐风格史重点是参照艺术史所建立的时期来进行划分的，这在一定程度上对西方音乐史的系统教学提供了很大的方便。但是从另一个角度来讲，更加值得人们深思的就是，它为西方音乐文化艺术的发展提供了比较有价值的导向，每一个时代的音乐流派都能够从艺术流派的发展中得到相应的启迪和参照。

目前的中国传统音乐教学体系，基本上会涉及一些音乐流派的介绍，但是这种对于音乐流派的介绍基本上是比较浅显的，尤其和西方音乐那种比较系统的音乐介绍相比，是非常浅显的。

（三）中国传统音乐教学与计算机的运用

在 1948 年，人们已经开始使用数字计算机和一些其他的电子数据处理机器对音乐进行相应的处理。计算机的运用对于音乐的影响至少会表现在以下几个方面：

1. 音乐资料检索

使用计算机对音乐进行相应的处理，首先就体现在音乐资料的信息处理，它包括信息的搜集、处理、传播等，因为计算机本身具有很大的信息容量，所以，就音乐储存量来讲，我们完全没有必要去担心。

2. 音乐风格分析

利用计算机有效地将记录的民歌进行相应的处理，在处理之后进行对比，并且把其和民族的背景资料进行相应的对比，在一定程度上来讲这些都极有可能被运用在今后的教学过程中，并逐渐被运用于中国的民歌或者是与中国音乐近似色彩风格的对比和研究中。

3. 计算机作曲

作为和声技术结构发展的中介，计算机在一定程度上为音乐创作寻找了一些全新的途径。一些人已经开始着手建立音色的汇总目录和一些全新的复杂声学系统，为今后的音乐创作奠定了良好的基础。

这种声音的再生从一定意义上来讲是一种全新的变革，这种变革具有很大的现实意义。中国传统的音乐在发声和音色的变化等方面是非常丰富的，在一定程度上它能够提供比较丰富的音响生源材料和其自身在音乐系统中的功能单元等。

4. 计算机与声学分析

计算机一般都可以用于分析乐器和一般的音色谱系，在装备上这些相应的资料之后，再重新加载上一些必要的振荡器，包括发生器等，随意进行功率的调节，基本上就可以合成一些相对简单的乐器的声音。这些乐音的生成，在今后中国乐器音响的合成与分析层面都可以起到比较大的作用。

麦克亚当斯等希望建立起一种全新的音色语音学系统，希望这种语音学系统能够对于作曲和分析起到很大的促进作用，他们有效地讨论了有关音色组合形式的可能性，并且努力寻求一种能够确定音色的功能和作用。

以上这些基本都可在中国传统音乐教学和研究中加以运用。中国的民歌、说唱和戏曲等地方性风格和音色系统有很大的关系，因此充分弄清这种关系对教学会有很大促进作用，一定要对此进行全面的分析。

三、对以多学科为基础的中学综合艺术教育课程的思考

（一）综合艺术教育的哲学、心理学和文化学基础

1. 哲学

20 世纪中国公共音乐教育基本是源于"音乐工艺模式"，基于这种现象，越来越多的人已经充分认识到这是中国音乐教育所存在的一种很大的弊病，这种弊病在一定程度上会影响到中国音乐教学的发展，所以一定要寻求出某种具有指导性意义的思想，对此进行相应的改正，保证中国音乐教育能够朝着正确的方向发展。

在此，需要特别强调的就是，如果人们单一地追求某种艺术的学科和知识，在一定程度上就会造成音乐教育的缺失，甚至可能是在中国音乐教育的哲学框架中出现一些比较畸形的问题。

西方的一些传统艺术教育和音乐教学体系，很多都是充分建立在认识论的哲学基础之上的，这一点对于中国音乐教学的启发是非常大的，人们可以充分学习西方的这种哲学模式，建立起具有中国特色的音乐教学体系，在适应中国国情发展的基础上，借鉴一些西方比较先进的教学思想，为中国音乐教学的发展奠定良好的哲学基础。

2. 心理学

综合艺术教育心理学有其特殊的来源渠道，这种渠道基本可以分为三种，即完形心理学、认知心理学和人本主义心理学等。西方传统音乐体系的听觉训练基本上是建立在声学的物理基础和实验心理学的基础之上的，但需知晓的是，最早的关于完形心理学的实验，对于音乐属于全部音调的思想观念是十分抵触的，完形心理学的声音与很多连觉或者是概念都有着千丝万缕的关系。

对于一些欧洲的音乐文化，听觉训练主要是建立在方言语音语境的基础和文化艺术的基础之上的，这从另一方面来讲也充分反映出了非欧音乐文化在音乐概念和技巧的基础上和欧洲音乐体系上有很大的差别。

3. 文化学

从中国文化学的角度来讲，中国汉语的形象文字有着非常丰富的比喻。在众多构成母语文化基础的要素中，联想完型和综合性的思维是非常重要的。在西方的艺术中，他们讲求的主要是分离式学说；但是反观中国的艺术，更多的是注重多种艺术之间的整合。

从当今比较发达的音乐教学来看，人们已经不把"美育"和"技术"作为音乐的重要目标，音乐教育的目标主要是放在文化或者是人的发展上面。

德国，在1970年前后，就已经将音乐教育的目标从"艺术作品"逐渐向着"文化中的音乐"转变；美国在音乐教育的基础上一般会强调六个方面，这也就是将音乐作为文化来进行全面的定位。这六个方面是学习音乐是学习人类交流的一种基本形式、学习音乐是学习世界上各种民族、学习音乐是学会学习的过程、学习音乐是学习想象力和自我表现力、学习音乐是学习的基础、学习音乐是学习艺术。

从以上的哲学、心理学和文化学的基础上初步探究，可以发现当今的综合艺术教育绝对不会出现那种相对简单的综合艺术教育，比如回到李叔同或者是丰子恺等时期的唱歌或者是绘画艺术中，这是完全没有必要去担心的一件事情。

（二）以多学科为基础的综合艺术教育的思维发展

以音乐为基础的综合艺术教育的出发点有别于绘画、戏剧、舞蹈等综合艺术教育。它是从音乐（声音、概念、行为）的维度来扩展审美的、艺术的、认知的（信息加工与联结主义）、文化的空间。

根据心理语言学的基础，儿童的口语交际能力和技巧在一定程度上能够决定今后儿童的书面表达能力，对于孩子的成长和发育都有着非常重要的作用，所以很多心理学家都会建议学生一定要先学会说话，然后再进行读书和写字。这种观念同样适用在音乐教育的领域中，先要教会儿童听音乐，这种思想已经在当今国际音乐教育界中充分体现出来了，比如相对较为流行的铃木等教学方法，这对于学前为儿童的中后期发展有很大的意义。

当儿童后期（7~12岁）结束，进入初中，他们从身体到自我的社会认识都有了明显的发展，具体包括：

①外貌和行为开始接近年轻男女。

②心理和躯体能力加强，并使决断和行为更趋独立。

③自信力、思维能力以及对自身在社会上地位的认识方面的提高，使他们更多地接触同辈人和成年人。

作为初中生本身来讲，其在解决问题的能力和水平上具有相对较为成熟的技巧和形式，而这种形式的运算思维技能从 11 岁左右就已经产生了。这种思维能力主要是从日常的生活和生产活动中体现出来的，并不会在某一件事情或者对于某件事情的思想和见解中体现出来。

青少年现在已经能够通过假设—演绎推理的方式对出现的问题进行思考了，他们基本上都可以创造出可变的能量组合，把不同的变量进一步分离开来，从而在采取实际行动之前提出一些假设。这种能够把现实和可能性进行充分的结合与分离的能力被称作运算思维的重要条件。尽管青少年在一些具体的行为推理和水平之间存在较多的差异，但是下面这三点足以说明这种思维的重要性。

1. 创造力的增加

通过增加创造力，能够使学生把自己所掌握的各种学习方法融会贯通，组成全新的具有新型内脏的总体结构。不可否认的是，所有发展中的这些人都会经历一种发现的快乐和兴奋，这也是人之常情。

2. 概括能力的加强

概括能力的加强在意义程度上就是人在解决问题的能力上变得越来越强，思维能力相对成熟的人，对于其他同样逻辑的事情同样会有较强的解决问题的能力，容易把思想集中到心理的运算中来，对于解决某一件事情具有高效、高能等特点。

3. 思维范围的扩大

思维范围的扩大在一定程度上会表现出具有心理运算界线的能力，对于那些思维能力较强的人，他们面对问题的解决能力也会变得相对强大一些，大脑中能够储存更多的信息，在需要用到这些信息的时候，能够在第一时间提取，并运用到具体的生活中去。

四、通过音乐体验增强认知技能

由于各种各样的历史原因，现在人们所接触到的艺术课程并没有像语文、数学那样受到人们的追捧，或者是能够作为学校教学的一门基础性课程。音乐对于人类社会发展的作用在人们的意识中仅仅是停留在娱乐的层面上。其实音乐对于人类认识技能的发展具有不可忽视的作用，但是这些作用的重要性还是需要人们大量的发现和研究才能得以论证的。

和其他的学科领域相比，音乐教育同样具有一种特点，那就是单纯用音乐的形式去帮助人们充分发展认知技能几乎是不可能的，但是，需要知道的是，人们在学习到音乐运用认知技能之后，在生活中的其他方面却能够得到更多的相互关系的认知，其中就包括人类和物质两个方面的重要认知。

另外，在日常生活的谈话和交流中，通过音乐体验获得的认知技能在一定程度上能够帮助人们获得其他领域的一些语言。所以，麦德森和普力克特就提出，音乐教育不仅能够帮助儿童去探索音乐领域中的未知世界，也是一种获得学习过程的重要手段。

（一）儿童早期的发展和习得

在人处于幼儿时期的时候，感觉体验领域是最适宜的学习基础。不同年龄的听觉语言表达、视知觉和认知发展变化之间都会于无形中存在一种相对密切的关系，感觉运动也会逐渐减弱，而视知觉和认知发展会逐渐增长。

人的"听力"较少涉及外部活动参与。"听觉"要求自觉意识和持续的注意力，每个婴儿识别不同声学参数间刺激的差异，这种识别存在的基础对于言语的感觉和获得是一个非常复杂的过程。

（二）其他相关的因素

1.认知、思维技能

儿童思维与他们的环境体验有关，环境因素包括：人、事物、事件、交流模式、语言、相交关系（人和物质）和观念。认知技能通过探索这些"原生材料"，选择或扬弃和组成有意义的模式或顺序而得到发展。

认知技能直接相关于音乐体验——听和做，如运动、歌唱、演奏乐器。相互作用包括：听觉识别、听觉的连续记忆、听觉的数字基础识别、视觉识别、总的和好的运动神经控制的技能、特殊理解和判断以及时间的关联。

2.个性发展和习得

音乐的发展是作为个体环境相互作用而出现的一种结果，在一定程度上来讲是一种效果的必然。对于儿童，最重要的就是环境会影响家庭、教育、学校等。

在一定程度上讲，环境和文化的不断变化会对儿童的阅读、唱歌等技能产生重大的阻力，儿童本身也会带有他们自身的遗传技能并且这些遗传技能还会影响其自身的举止和发展范围，所以，每个儿童的发展都是有特定的规律。

3. 教授技能和音乐知识

适当的人性发展需要适当的实践来进行佐证，要想全面实现这一目标，就需要依赖于教学质量的提高，其中教学质量主要包括正式的和非正式的两种，这对于年幼的学习者是需要进一步阐明的。父母才是孩子最好的老师，作为父母，一定要在言行上时刻注意，为孩子树立一种良好的思想和行为意识，为孩子的身心健康发展奠定良好的基础。

当计划学习按照顺序进行下一步的时候，有必要对认知和体验两者之间的关系进行全面的考量，但是，音乐专家们却往往缺乏足够的经验或者对于人发展的认知，在一定程度上便导致了幼儿在适当的学习机会中没有获得相应的知识。

当今教育界至今仍存在这样一种争议，那就是，在幼儿时期学生获得更多的知识技能更为重要还是在这个时期拓宽知识能力更为重要，这就要求教师在进行教学的过程中，具有足够丰富的这两方面的知识和技能，只有这样才能够在幼儿音乐教育的过程中为孩子真正提供更多的机会，为孩子的发展真正做到尽心尽力。

4. 语言发展

听觉感知在一定程度上会涉及整体和解释听到的能力，在进行分析信息和发展概念中是一种更有价值的认知技能。但是当儿童获得词语描述在他们感知或者在接受成年人的术语进行描述时，困难就出现了。

如果成人和儿童之间运用不同的术语去归纳相同的概念，儿童在他们的识别中就会出现丧失自信的情况。近年来的发展研究表明，儿童的语言和其他的技能发展会出现一种相对不规则的状态，在不同的学习领域中儿童一般会运行不同的发展步骤。

5. 个体和群组的学习

儿童需要活动的探索以及人与物质之间的相互作用，因此，要让儿童在一种比较有意义的语境中逐渐改进一些具体的学习体验。这相对来讲是十分简单的，但是我们需要改进儿童群组的个体发展水平以及个体生活体验，这种事情却是非常困难的。

第二节 世界多元文化背景下的音乐教育

一、世界多元文化教育视野下的音乐教育

世界多元文化教育能够得以提出的原因在一定程度上来讲，就是文化、民族、语言等各种形式的多样性在世界绝大多数的国家中都会存在，每个国家现在都会面临一种这样的挑战：在建立一个包括不同民族以及族群，并且能够使得这族群为国家贡献力量的时候，需要不同的民族提供保留和充分展示他们社区文化的一种空间。

此外，多元文化教育在一定程度上也充分肯定了民族、文化和语言的多样性，这是一种非常重要的文化资源，一个国家民族和社会的重要内涵就需要依靠这种教育来体现。

世界多元文化教育还试图通过一种比较民族族群的独特文化来认识每一个民族与文化的族群，最终使受教育者充分认识到其他民族文化的确与他们自身的文化一样具有现实的意义，并且这种现实的意义一定是要被众人所折服的。

（一）同化主义的音乐观念与多元文化的音乐观念的哲学基础

首先需要了解同化主义和多远文化主义的一些基本观点，然后才能对同化主义音乐教育和多元文化音乐教育的哲学基础进行全面的揭示。

在同化主义者看来，民族的归属感是一种短暂的感觉，特别是在社会发展如此迅猛的今天，这种感觉尤为突出，在现代化进程的影响之下，种族之间的划分会变得越来越弱，甚至会消失掉。

在学校的教育方面，同化主义认为，在学校的教育中，学校自身也处于共同文化之中，这时应该重点促进青年人的社会化，使得青年人能够积极参与到这一文化中来，并且能够自始至终忠诚于这一文化的基本价值、目标和意识形态。

作为学校方面来讲，应该恪尽职守，重点帮助学生获得一些相对必要的技能，最终使得他们能够成为对自己的国家真正有贡献的公民。同化主义一般能够用一种相对现代、传统和先进的二分法来具体看待不同民族之间的文化。

（二）多元文化教育的发展

著名的多元文化教育家 J. A. 班克斯将美国多元文化教育发展分为五个阶段。

1. 单一种族研究课程

单一种族研究课程主要开始于 1960 年前后，这种课程的主要观念就是当一个人真正成为该种族的成员之后，才能够真正教授族群的课程。对于一些非裔研究课程只对非裔开设，亚裔研究课程只对亚裔开设。

2. 多种族课程

随着美国种族群体的逐渐增多，学校也开始着手建立多种族研究课程，这些课程一般都会比较集中于多个种族文化，并且会从这些种族文化中提取出比较有代表性的意见或者经验。这类课程基本上都是基于这种思想的考量来进行的。美国是一个多种族的国家，在音乐教育课程的研究方面始终是处于一种相对国际化、全球化的状态。

3. 多种族教育

教育者在一定程度上都会意识到种族研究的必要性，但是这种必要性并不能够真正带来教育的改革和公平性，于是人们更多的眼光便最开始投放到更加广泛意义上的教育改革上，更加聚焦于整个学校的教育环境，这种教育改革的运动就成为众所周知的多种族教育。

4. 多元文化教育

多元文化教育这一术语开始逐渐被用来特指与种族、阶级、性别和社会阶层等以及这些变量之间的一些互动相关的教育问题，在一定意义上来讲其是比种族教育更加深刻的另外一种教育上的改革运动。

5. 制度化的过程

多元化教育的观念已经开始逐渐深入到课程和整个教育的环境中去了，在一定程度上来讲它需要一种强有力的支撑，可以是来自于教育机构、行政人员和教师们的相互协作所做出的努力。

（三）多元化音乐教育的维度

J. A. 班克斯教授建构了多元文化教育的五个维度：内容整合、知识的建构过程、消除歧视、平等的教学法、强化的学校文化与社会结构。

1. 内容整合

内容整合是指教师使用来自多样文化和族群的常例和内容，阐释学科领域或者其学科的关键概念、原则、归纳和理论。

2. 知识的建构过程

知识建构是指教师帮助学生理解、探究和测定学科隐含的文化假设、参考框架、前景和偏见是如何影响其知识建构方式的。

3. 消除歧视

这一角度关注学生的种族态度特征，以及如何通过教学方法和教学材料来修正他们的态度。

4. 平等的教学法

当教师改善教学方法的时候，在 定程度上就会出现平等教学法，其中需要知道的是，教师进行教学方法的改善时，主要目的就是能够促进来自多种族、多文化和社会各个阶层群体的学生能够真正学到一些知识和能力。这种平等教学法主要包括使用多种文化族群内的多种学习风格以及保持教学风格的平等。

5. 强化的学校文化与社会结构

群体和分类活动、运动参与、不均衡学业、教职工与学生的跨民族和种族界限的互动等，都是学校文化的组成部分，而且必须创造一个能够赋予多种族、多民族和不同文化群体的学生更多权力的学校文化。

二、文化策略与世界多元文化音乐教育的思考

随着社会的不断发展和时代的不断进步，当今人类已经进入了一个全球共同体的社会时代，这一共同体主要包括由许多国家共同组成的地区性联盟和国际性联盟。该共同体是由各个国家、地区和民族领域的民族共同来组成的，所以在文化方面会存在很多的差异，如何让这些民族的人群能够在这个共同体里面和谐相处，变成了一个亟待解决的问题。

很显然，文化的同化作用在很多的方面都能够切实地表现出来，在许多的方面也能够真正显示出来，但就目前的世界文化发展格局来看，"文化多样性"已经成为人类社会的重要文化策略。

因此，多元文化音乐教育必须充分利用搜集到的有用信息，充分综合我们当代音乐和教育的历史机遇，重点发展我们国家的音乐教育，在保证能够吸收西方音乐教育体系精华的基础上，逐步建立起具有不可替代效果的中国

音乐教育体系，为中国音乐教育事业的发展奠定良好的基础。

三、音乐教育应面向世界、面向未来

随着世界政治、经济、文化和教育事业的不断发展和变化，世界多元化的政治格局已经显出雏形，世界在人们的心中已经变成了一个"地球村"，多元化的音乐教育已经成为 21 世纪世界音乐教育的主要潮流，这是世界音乐领域发展的一种趋势，也是经过历史的选择和淘汰之后，逐渐成熟的一种发展模式和新的格局。

不可否认的是，在考虑音乐教育的未来之时，首先需要做的就是要充分考虑到未来社会的发展，只有这样才能够对音乐教育的未来进行一个相关的预测，所以世界多元文化的音乐教育就是在进行音乐教育的学习过程中，一定要充满预见性，在未来发展的道路上获取到更多的营养和养料。

多元音乐教育在一定程度上来讲是多元化的理念、内容和科学性的方法进行综合研究的实践项目之一，在 21 世纪世界教育和音乐教育发展史上已经出现全新的势头。

中国音乐教育的现状，不论是从文化体系方面来讲，还是从教学的研究方面来讲，在现阶段都会存在很大的局限性，这种局限性主要表现在音乐体系的单一性和教学方法的单一性。

四、国际音乐教育学会

国际音乐教育学会（ISME）是联合国教育科学及文化组织（UNESCO）的下属机构，这种隶属关系，也决定了国际音乐教育学会的性质，即国际音乐教育学会的思想、观念及目标等。

所谓的文化多样性就是联合国的系统中总体组织的一种相对持久的、核心的特征，但是对于联合国教科文组织而言，文化多样性的意义尤为重要。因为文化的多样性经常被人们委以重任，其目的就是能够全面确保和促进各种文化之间的丰富性和多样性，这一重大历史使命已经在全球化的时代当中变得至关重要。联合国教科文组织在过去举行的活动以及举办的会议中所提出的一些纲领性的文件，为世界文化的发展提供了重要的思想基础，为世界文化未来的发展格局，描绘出了一幅丰富多彩的画卷。

文化之所以这么重要，是因为从文化的角度出发，全世界都可以参与到这个讨论当中去，因为文化在全世界的范围内都是相通的，在人们的眼中，文化都具有不可替代的作用，文化是全世界人类达成共识的重要理论基础，而作为人类的普遍遗产，文化是各个民族、文明之间相互理解的最为关键的因素。

在世界的许多角落之中，人们都可以倾听文化的多样性所谱写的华丽乐章。人们正处于一个现代化迅速崛起的时代，经济全球化的全面推进对文化的不断发展和进步也产生了重要的影响。不过，现阶段，全世界的人们都在对原来的全球舞台上的角色进行全新的定位，他们都希望自己能够在这个世界的舞台上绽放异彩，保证自己本民族的文化能够得以充分延续。事实上，正是由于各民族之间的这种相互学习和自主保留，才促进了经济全球化的全面发展，这同时也是经济全球化不断取得历史性进展的重要核心。

在文化政策中，文化一直以来被视为一种无可争辩的统一的活动。而现在，对今天正在发生的一切进行更深一层的思考，可以发现，即使在艺术领域，文化也已被视为一种"争执领域"。

这种相对新颖的文化分析观念能够被采纳主要是因为它能够和当今各国、各大洲的文化交往潮流所带来的网络化进程更加吻合，不过，这种观念，在一定意义上来讲更是一种具有政策导向的推动力，这种推动力为文化的发展创造了更多的可能性。

此外，人们也开始逐渐关注在世界范围内正在发生的一系列事情，希望能够在一定程度上促使具有最广泛性和多样性的人们能够真正参与到共同决策事务的过程中去。

第三节　新时期中国音乐教育的发展与体系建设

一、第三世界文化发展与音乐教育

中国属于第三世界，中国的音乐文化、音乐教育与第三世界文化发展有着许多相同的境遇。因此，我国的现代化问题和第三世界文化批判与文化策略是我们的发展共同面对的问题。

尽管当今中国音乐界仍有一部分人认为中国音乐的全面现代化是以农业社会转向工业社会的西方音乐体制为标准的，但是现代化理论的研究早在20世纪70年代就已出现新的方向。那种认为西方的制度和价值观念应当被看作世界各个民族和地区仿效的榜样的观点，从这个维度来讲，只是单纯地照搬西方的制度和观念，因此受到了大多数人的批判。新出现的一种方向认为，对于任何一个社会来讲，现代化的进程必定会受到外界的刺激的一些影响，而这种影响有时候却是非常重要的，对于一个处在社会当中的人来讲，现代化作为社会变迁的一种进程，不可避免地就会与传统文化发生比较大的冲突。

和正确对待传统文化相比，怎样对待来自外界的推动力毕竟是属于第二位的问题。其实从真正意义上来讲，文化实质上是传统的制度与观念在科学技术不断进步的同时，对社会变化所需要做的功能上的一种适应。

所以，从这个维度上来讲，现代化理论的重要任务就是需要全面从各种社会的内部文化本身出发，进一步加强对传统文化的研究，在条件允许的情况下，在新时代下保留一些有利于现代化发展的重要组成因素，对于一些阻碍现代化进程的因素，则毫无保留地摒弃。

在中国，有相当长的一段时间，一些深受西方论著影响的知识分子认为"西方现代的价值是普遍性的，中国传统的价值是特殊性的"，这是一个根本站不住的观点。其实，每一个文化系统中的价值都可以分为普遍与特殊两类。

二、中华文化为母语音乐教育的性质和意义

一位科学家在发现人与母语之间的关系之后，充分认识到：母语在一定程度上能够将人们接收到的信息进行区别处理和理解，同时母语和脑内的情感功能的发展也有很大的关系。所以，在孩童时代他所学会的语言与各个种族之间的独特文化以及思想的形成之间是有很大关系的。

一个民族大都能够将自己的文化、历史和对环境所做出的一些反应都体现在自己的语言当中去，这同时也能够包含在音乐的语言当中，经过历史的筛选和潮流的冲刷，对维系整个民族生命延续有着重要的意义。所以，从这个维度上来讲，中华文化为母语的音乐教育正是维系中国人民自身过去、现在和将来的音乐文化纽带。

（一）中华文化为母语音乐教育体系的界定

1.中国音乐文化哲学观

文化哲学主要指文化核心的价值体系。它分为三个层次：

第一层是哲学宇宙观及哲学方法论（包含语言哲学逻辑），中国哲学有机宇宙观及方法论是中国音乐风格、音乐历史演变、演创方式的方法论基础。

第二层是心理学、美学、伦理学等意义，儒道释是中国音乐注重人文精神的内化、社会与自然和谐的精神基础。

第三层是文化的功能与运作方式，他们形成文化的具体形态。

2. 中国音乐风格史观

中国音乐风格史观是在中国音乐文化发展过程中逐渐形成的一种音乐风格观念。人们现在所了解到的中国音乐主要是以地区性音乐风格逐渐演变出来的一种有机史观念为重要基础的，其中音乐的流派、风格、概念与群体等都是有密切联系的。

3. 中国音乐本体观

原来人们只是片面地认识到西方理性多声的复杂性和音响变量之间存在很大的多样性，但是随着时代的变迁，也应该逐渐认识到中国音乐在其母语本体上也同样会存在声音的复杂性以及音响变量的多样性。其中需要知晓的就是这些复杂性和变量与中国音乐母语之间的风格、概念之间存在一种密切的关联。

（二）中华文化为母语体系性课程建设

1. 基本音感（包括听辨）的训练

中国音乐地区风格大的有 16 个，而每一个音乐方言风格内部又有许多风格的演变。因此可以大的地区风格为基础找出其音色语音、强弱法、句读、句法、腔调、衬腔、演奏演唱的形态及方法等，包括对不同地区打击乐锣鼓经的听、读、写。

2. 音乐操作与操作类型

首先，应对中国记谱法体系、演创概念、演奏唱场景和语境有所认识。中国音乐操作的不确定性或即兴性，不同于西方当代偶然音乐及记谱法的不确定性。

其次，中国音乐有许多操作类型，如人文操作类型自娱、娱友、寄情、怡志、茶馆等不同于音乐厅、大工业音乐生产操作类型。

3. 音乐基础课

与西方音乐基础课相对，中国音乐有多声课（不同于西方以和弦透视分析的理性和声），曲式课（不同于西方封闭性操作的曲式，是一种开放曲式的分析），音色旋律课（不同地区声乐、器乐、打击乐音响音色的采样与组合），古琴课（与西方钢琴共同课相对），合奏课（打击乐、弦乐、吹管乐各声部的即兴配合方式）。

（三）母语音乐教育的规划、实施与意义

1. 形成全新的音乐文化关系

音乐母语体系的重建逐渐与当今学校的音乐教育形成了双语模式，这种新型的中西方音乐体系教学，逐渐形成了一种全新的平等音乐文化关系，并且将为中西方音乐文化的发展和不断融合做出应有的贡献。这种发展的理念，在一定程度上来讲也符合中国自古以来都信奉的"和而不同"的理念以及和谐发展的观念。

2. 音乐文化的交流

它是中华音乐文化内部交流的需要，生活在不同地区的人们多半只懂得本地的音乐，这就不能说他们知道或真正了解中国音乐，正如一个西方人只知道古典乐派音乐或贝多芬的音乐，就不能说他知道和了解西方音乐一样。

3. 有利于世界多元文化的发展

在未来的多元化文化格局当中，中华文化的崛起为音乐教育体系提供了坚实的基础，从一定程度上来讲，将使得我们的音乐教育体系成为世界音乐教育体系中的一颗璀璨明珠，为世界多元文化的发展奠定良好的基础，为世界音乐教育体系的逐渐完善和进步贡献自己的一份力量。

4. 改变世界文化的发展趋势

世界工业化以来所有新的音乐文化类型都将是出自新的音乐教学体系，如近现代中国音乐教育中两种体系的引入对当今音乐文化类型产生着重要影响，可以说这是中国近代以来音乐教育的一种结果。

参考文献

[1] 吕媛媛.多元文化视野下的音乐教育改革及人才培养研究 [M].北京：中国水利水电出版社，2019.

[2] 王路.多元音乐文化与音乐教育创新实践 [M].北京：冶金工业出版社，2019.

[3] 周奕含，郭峥.探索音乐审美教育的方法新思路 [M].重庆：重庆大学出版社，2019.

[4] 田文.音乐教学法理论在当代学校教育中的应用 [M].北京：中国戏剧出版社，2019.

[5] 崔玲玲.中国少数民族音乐文化概论 [M].北京：中央民族出版社，2017.

[6] 马惠娟.中国传统音乐文化的经典传承与时代创新研究 [M].北京：新华出版社，2019.

[7] 雍敦全.音乐教学法 [M].重庆：西南师范大学出版社，2016.

[8] 王建武.论传统音乐在学校音乐教育中的传承与发展 [J].戏剧之家，2014（15）：83-85.

[9] 卓玛措.中国传统文化与幼儿音乐启蒙教育实践思考 [J].北方音乐，2020（2）：178，180.

[10] 段小丽，刘海涛.论高校音乐教育与中华民族优秀传统文化的结合 [J].戏剧之家，2016（6）：179-180.

[11] 李娜.传统文化视野下农村幼儿园音乐教育的发展 [J].北方音乐，2018（6）：148-149.

[12] 单铎.音乐教育中传统文化元素融入的再认识 [J].赤峰学院学报，2019（12）：135-137.